EVROPA

GERHARD L. DURLACHER

Streifen am Himmel

Vom Anfang und Ende einer Reise

Aus dem Niederländischen
übersetzt von
Maria Csollány

Europäische Verlangsanstalt

Die niederländische Originalausgabe erschien 1985 unter dem Titel »Strepen aan de hemel« bei Meulenhoff, Amsterdam
Die deutsche Ausgabe erscheint mit freundlicher Unterstützung der Nederlands Literair Produktic- en Vertalingen Fonds

Die Deutsche Bibliothek – CIP-Einheitsaufnahme
Durlacher, Gerhard L.:
Streifen am Himmel : vom Anfang und Ende einer Reise / Gerhard L. Durlacher. Aus dem Niederländ. übers. von Maria Csollány. – Hamburg : Europäische Verlagsanstalt 1994
Einheitssacht.: Strepen aan de hemel <dt.>
ISBN 3-434-50024-3

Umschlaggestaltung MetaDesign Berlin
unter Verwendung eines Pressefotos Luftkrieg 1942
Signet: Dorothee Wallner nach Caspar Neher »Europa«
Herstellung: DIE HERSTELLUNG, Stuttgart
Satz: Steffen Hahn GmbH, Kornwestheim
Druck und Bindung: Wilhelm Röck, Weinsberg
Printed in Germany 1994

Inhalt

Streifen am Himmel

Eli, Eli, lama asabthani
Mein Gott, mein Gott, warum hast du mich verlassen!

Prolog

Aus der Erinnerung steigen unterbelichtete Bilder, abwechselnd mit grellen, überbelichteten Szenen, eingeätzt in meine Netzhaut. Manchmal, wenn auch lückenhaft, gelingt es, diese Filmblitze zu erkennen und zu ordnen. Die Gefühle von damals, Angst und Verzweiflung, Ohnmacht und Wut, Schmerz und Kummer liegen tief verborgen, Lava in einem scheinbar toten Vulkan.

Die Erzählungen einstiger Mithäftlinge, Bücher, ein Foto, eine Assoziation beschwören die Bilder herauf, von versengenden Emotionen begleitet.

Im Herbst 1981 erschienen zwei solcher Bücher: *The Terrible Secret* von Walter Laqueur und *Auschwitz and the Allies* von Martin Gilbert. Der jeweilige Untertitel schließt jedes Mißverständnis über den Inhalt aus: *Die Unterdrückung der Nachrichten über Hitlers ›Endlösung‹* und *How the Allies responded to the news of Hitler's Final Solution.* Zwei nüchterne und ernüchternde Bücher über den Mord, das Wissen über den Mord und die Reaktionen der Welt auf die Ermordung von sechs Millionen Juden zwischen 1939 und 1945.

Ich sah uns wieder, grau vor Erschöpfung, in Fünferreihen. Mit geschwollenen Knöcheln, schwindelndem Kopf, hohlem Magen. Zusammen mit den russischen Gefangenen standen wir dort auf dem Appellplatz. Die späte Nachmittagssonne der ersten Augusttage 1944 spiegelte sich auf geschorenen Schädeln. Wir zählen ab: einmal, zweimal, zehnmal. Wir werden gezählt. Emil, der polnische Blockälteste, stößt die Reihen zurecht, zählt mit, nervös, heiser. Der Blockführer zählt, schlägt mit dem Spazierstock* auf die Köpfe der ersten und letzten Reihe. Wir wagen nicht, den Platz zu tauschen. Der Durst übersteigt den Hunger. Die Suppe können wir vergessen. Irgendetwas ist passiert, denn die Sirenen haben geheult. Durch den stinkenden Rauchschleier des Krematoriums III sehen wir den blauen Himmel; wir taumeln, manche fallen in Ohnmacht. Die Kameraden zu stützen, raubt uns die letzten Kräfte. Emil dirigiert die Kranken in die hinterste Reihe und wird von einem SS-Mann angebrüllt. In der Ferne hören wir Donnergrollen wie von Gewitter. Unsere Blicke treffen sich: russische Artillerie in den Beskiden? Sie müssen in der Nähe sein; das Flugzeugkommando** hat doch erfreuliche Nachrichten gemeldet?

Das heisere Gebrüll der Kapos und SS-Leute wird von dem rhythmischen Summen in der Luft übertönt und plötzlich sehen wir alle die weißen Schafwollfäden, die von kaum erkennbaren Metallstückchen über das helle Blau des Himmels gezogen werden. Hunderte von Augenpaaren folgen den Fäden, bis die SS-Männer, mit quadratisch aufgerissenen Mäulern schreiend und Schläge austeilend, abermals abzählen lassen.

Dort oben tobt das Scheingewitter, das uns die Kraft schenkt, auf den Füßen zu bleiben, und das ein kaum merkbares Lächeln auf unsere Gesichter zeichnet. Der Appell endet in der Nacht, nachdem die Sirenen nochmals geheult haben. Von den fünf geflohenen Häftlingen sind drei lebend aufgegriffen worden:

* Die Kapos benutzten Spazierstöcke aus dem Besitz der Deportierten

** Flugzeugkommando: Russische Kriegsgefangene, die auf einer Außenstelle Apparate aus abgestürzten Flugzeugen ausbauten und einmal sogar die Bestandteile eines Radios ins Lager schmuggelten.

Piechowiak, Wagschal und Kenner. Blutverschmiert und geschunden werden sie zurückgebracht in unser Lager, das Männerlager Birkenau II D.

Als wir am Abend des 8. August in Fünferreihen, die Kranken stützend oder tragend, schmutzig und erschöpft durch das Tor der befreienden Arbeit getrieben werden, sehen wir zwei der Geflohenen hängen. Singend, den Tod im Herzen, von Orchestertönen begleitet, marschieren wir mit nach innen gekehrtem Blick an den beiden Galgen vorbei. Ein Tod, wahrscheinlich sanfter als der, der Piechowiak in der Strafkompanie erwartet.

Am selben Abend wieder die Wollfäden am Himmel. Hatte man uns vergessen dort draußen, dort droben? Waren die Ölraffinerien von Blechhammer und Trzebinia von größerer Bedeutung als wir und unsere Verbrennungsöfen? Im folgenden Monat brannten sie nicht mehr Tag und Nacht. Die Juden aus Ungarn hatten das Leiden auf Erden fast hinter sich. Aus Westerbork kam der letzte Transport: 1019 Menschen, von denen 470 nicht sofort den Flammen zum Opfer fielen. Unter ihnen Anne Frank, damals noch ein unbekanntes Mädchen im Ozean des Todes.

Zu der Zeit wußte ich kaum, was geschah. Ein Vorhang hatte sich vor mein Wahrnehmungsvermögen gesenkt. Ich registrierte das grauenhafte Geschehen, ohne es zu Kopf und Herz durchzulassen.

Jetzt, nach fast vierzig Jahren, fällt dann und wann ein Archivblatt aus dem Panzerschrank meines versunkenen Gedächtnisses.

Den Bombenangriff auf Monowitz, den Gilbert beschreibt, haben meine Kameraden vom Rollwagenkommando und ich laut und deutlich gehört. Am 13. September 1944 dachten wir einen Augenblick an Befreiung. Einen Augenblick lang wußten wir hinter unseren glasigen Hirnfassaden, daß es ein »Draußen« gibt und daß Auschwitz nicht auf einem anderen Planeten liegt.

Den ganzen Morgen lang hatten wir keuchend, von Flüchen

und Schlägen gescheucht, Holz und Asphaltpappe ins Mexikolager transportiert. Wo wir es abgeladen haben, weiß ich nicht mehr, aber weit von der Rampe, dem Umsteigeplatz zur Ewigkeit, wird es nicht gewesen sein. Der SS-Mann verschwand, vermutlich in einem Schutzraum, und wir standen da, als warteten wir auf einen warmen Sommerregen.

Der Bombenangriff auf die I. G. Farben kann nicht lange gedauert haben. Um uns herum Sturm, Staub und Getöse. Keine Angst. So müssen Bauern fühlen, wenn auf ihr Flehen plötzlich Regen fällt. Die wenigen Bomben auf Birkenau gaukelten uns einen Moment lang vor, die Krematorien seien getroffen, aber das war blitzartig vorbei. Was von diesem Wunschtraum übrigblieb, war Enttäuschung, staubverklebte Augen und ein handgroßer Granaten- oder Bombensplitter, den Jiri D. aufgehoben hatte. ›*Gejts mit Gott, abber gejt's*‹, schrie der Kapo und der überfrachtete Wagen, mit uns als Karrenhunden davor, setzte sich langsam in Bewegung.

Die Frage, ob man uns da draußen und da oben vergessen hatte, brannte vielen von uns lange auf der Zunge. Warum diese Frage erst seit wenigen Jahren wirklich ausgesprochen wird und auch heute noch nicht beantwortet ist, läßt sich nur vermuten.

Der plausibelste Grund ist sicher in den Archivgesetzen der betreffenden Länder zu suchen. Englische und amerikanische Archive geben erst seit kurzem Bruchstücke der jüngsten Geschichte preis. Die Historiker Laqueur und Gilbert haben aufgrund ihrer früheren und derzeitigen Arbeiten die besten Voraussetzungen für die Spurensuche. Laqueur als Direktor des ›Institute of Contemporary History‹, auch bekannt als ›Wiener Library‹ in London, jenes Institutes, das während des Zweiten Weltkriegs für die British Intelligence eine der wichtigsten Informationsquellen über Deutschland war, und Gilbert als offizieller

Biograph von Winston Churchill, mit Zugang zu Geheimakten, von denen kein Laie zu träumen gewagt hatte, daß sie für die Nachwelt erhalten bleiben würden.

Ein anderer Grund für das lange Schweigen über die grauenhaften Ereignisse erinnert mich an die Sphinx und Ödipus: Die richtige Antwort auf das Rätsel stürzt sie von ihrem Sockel. Das Rätsel ist gelöst, aber der Preis ist bitter und das Ende ohne Illusionen.

Auch wir kennen jetzt die Antwort auf unsere Frage und auch für uns ist der Preis bitter. Die wenigen Illusionen, die wir bewahrt hatten, wurden zunichte gemacht.

Es sind dieselben Fragen, die Laqueur und Gilbert quälen, doch bereits aus dem Untertitel ihrer Bücher geht hervor, daß der jüngere, 1936 geborene Gilbert mehr ertragen kann (oder konnte) als der um fünfzehn Jahre ältere Laqueur. Der Untertitel von Laqueurs Buch: *Die Unterdrückung der Nachrichten über Hitlers Endlösung* offenbart gewissermaßen auch die Verdrängungsarbeit des Autors. Seine Geschichte endet im Dezember 1942 und er begründet diesen Zeitpunkt mit dem Argument, daß »die Mehrheit der Juden in Osteuropa wie auch Millionen Deutsche und viele Einwohner in den von den Nationalsozialisten besetzten Gebieten schon damals von der Massenvernichtung wußten«. Außerdem vermeidet er geflissentlich die Frage, was diese Menschen mit ihrem grauenhaften Wissen anfingen.

Ich kann mir nur zu gut vorstellen, daß ein Mann wie Laqueur, 1921 zur Zeit der Weimarer Republik geboren, dessen Jugend durch die Nationalsozialisten zerstört wurde und der ihnen nur knapp entkam, eine solche Rationalisierung und Verdrängung braucht. Dennoch kann man das Datum des Dezember 1942 nur schwer akzeptieren. Keiner meiner Mithäftlinge noch ich selbst wußten von dem Fegefeuer von Birkenau, bevor wir durch das Haupttor getreten waren. Erst nachdem Vrba und Wetzler im April und später Rosin und Mordowicz im Mai 1944 die Flucht lebend überstanden hatten und erst als ihre Berichte den Alliierten vorlagen, konnte niemand, weder aus den Kreisen der Regierung und des Militärs, noch irgendein lesender oder hörender Bürger mehr mit gutem Gewissen behaupten: »Wir haben nichts gewußt.«

Martin Gilbert hat seinem Buch den Untertitel gegeben: *How the Allies responded to the news of Hitler's Final Solution,* und eine jener »responses«, nämlich die des englischen Diplomaten A. R. Dew, der auf dem Weg zur Konferenz von Jalta verunglückte, lautete am 7. September 1944: »Meiner Meinung nach wird hier im Amt unverhältnismäßig viel Zeit für die Beschäftigung mit diesen jammernden Juden vergeudet.«

Die Arbeiten von Laqueur und Gilbert scheinen sich auf den ersten Blick in einigen Bereichen zu überschneiden, doch durch die Fragen, die sie stellen, ergänzen ihre Untersuchungen einander.

»Mit diesem Buch«, schreibt Laqueur, »versuche ich, eine Antwort auf die folgenden Fragen zu finden: – Wann erfuhren Juden und Nichtjuden zum erstenmal von der ›Endlösung‹? – Über welche Kanäle wurden die Berichte verbreitet? – Wie war die Reaktion derer, die davon hörten?«

Er stellt sich dabei unter anderem die Aufgabe, nachzuweisen, daß ein großer Teil der Bevölkerung in Deutschland, der Geheimhaltung und den verstümmelten Informationen zum Trotz, durchaus wissen konnte und sogar tatsächlich wußte, daß Massaker bereits in den ersten Kriegsjahren stattfanden. Dabei drängt sich die Frage nach der Bedeutung von »Wissen« und »Glauben« auf, mit anderen Worten, inwieweit die grauenhaften Nachrichten in Deutschland selbst und in der übrigen Welt Glauben fanden.

Vor allem die übrige Welt sei in der Lage gewesen, so viel zu tun, und habe dennoch so viel unterlassen, das zum Überleben der europäischen Juden hätte beitragen können.

Bei der Lektüre von Laqueurs Buch überkam mich manchmal das Gefühl, sein eigenes Bedürfnis, den grauenhaftesten Teil des Geheimnisses, die Massenvernichtung, zu verdrängen, habe ihn zu einer milderen Analyse bewogen, als ich selbst und andere für gerechtfertigt halten.

Nach Angaben der SS waren vor Ende 1942 2 500 000 Juden deportiert und umgekommen. Die meisten Opfer waren aus Polen, Rußland und den baltischen Ländern verschleppt und von Einsatzgruppen ermordet worden.

In den Vernichtungslagern Chelmno, Belzec, Majdanek, Sobibor und Treblinka rauchten die Verbrennungsöfen unaufhörlich. Über 200 000 Juden aus Deutschland und den besetzten Gebieten waren deportiert, und weit über 2 000 000 polnische und russische Juden waren umgebracht worden.

Trotz der Tarnsprache der Nationalsozialisten und trotz Zensur von Radio, Presse und Post, trotz abgefangener Kuriere und Telegramme wußten unzählige Menschen von den Greueltaten im Osten. Von Tausenden wurden über viele Kanäle die meist mündlichen Berichte weitergegeben. Familienmitglieder der Wehrmacht und der SS wußten aus Erzählungen und Briefen von Ehemann, Sohn und Bruder oft besser Bescheid, als sie nach dem Krieg jemals zuzugeben wagten.

Aber auch Geistliche, Widerstandskämpfer, Schmuggler und Bahnbeamte gaben Berichte aus erster oder zweiter Hand in den Westen weiter oder verbreiteten die Schreckensnachrichten in den damals noch vorhandenen Gettos in Polen. Mit Archivmaterial aus England, aus den Vereinigten Staaten, Deutschland und Israel, aber auch durch Gespräche mit zahllosen Überlebenden gelingt es Laqueur, das Netzwerk von Informationskanälen zu rekonstruieren und überzeugend darzulegen, daß der Prozeß der Endlösung schon Ende 1942 im wesentlichen hätte bekannt sein müssen.

Aber waren die Tatsachen auch wirklich bekannt, oder besser: Wurde den Tatsachen in den politischen Kreisen der Allierten auch Glauben geschenkt? Laqueur liefert den Beweis für die psychische Abwehrhaltung, die selbst Felix Frankfurter, ein prominenter amerikanischer Jurist und Richter am Obersten Gerichtshof, einnahm: Als Jan Karski, ein polnischer Offizier und Kurier von den Massenmorden in Europa berichtete, bekam er zu hören, Frankfurter sehe sich außerstande, das zu glauben.

Vor Ende 1942 war kaum jemand im Westen über den vollen Umfang der Tragödie unterrichtet. Unter den wenigen waren die geflohenen polnisch-jüdischen Parlamentarier Zygielbojm und Schwarzbart, die in London die begründete Befürchtung äußerten, die Massaker des Jahres 1942 seien erst der Anfang der Katastrophe. Sie mobilisierten die englische Presse und einen kleinen Teil der öffentlichen Meinung.

Von Verzweiflung übermannt, in dem Gefühl, die Welt lasse die Juden untergehen, ohne einen Finger zu rühren, nahm Zygielbojm sich im Mai 1943 das Leben, nachdem die SS den Aufstand im Warschauer Getto in Blut und Asche erstickt hatte. Sein bewegender Abschiedsbrief erschien in der Presse, löste aber nur zurückhaltende Reaktionen aus.

Die Katastrophenmeldungen aus dem Osten wurden überwiegend von Gerhard Riegner, einem jungen deutsch-jüdischen Juristen aus Berlin, und von seinem um dreißig Jahre älteren Kollegen Richard Lichtheim durchgegeben, beide Vertreter der Jewish Agency in Genf. Über Informanten, zu denen ebenso Industrielle und Journalisten wie Kuriere und Schmuggler zählten, liefen bei ihnen die Schreckensmeldungen ein, die sie weiterzuleiten suchten zu Staatsoberhäuptern und Ministern, oft mit Hilfe von Vermittlern wie dem Oberrabbiner Stephen Wise oder Richter Frankfurter. Ihre Aufgabe muß eine entsetzliche Last gewesen sein, denn in Whitehall und im Weißen Haus waren die Herzen und Ohren aus Granit.

Natürlich war die Botschaft unerträglich und deshalb unglaubwürdig; aber war das der einzige Grund für die Kleingläubigkeit, die Abwehr und den Skeptizismus von Roosevelt, Eden und ihren Beamten und Diplomaten?

Laqueur gibt sich in seiner Analyse milder und toleranter als Gilbert und Wasserstein, aber sein Langmut geht mir denn doch zu weit. Daß die Regierungskreise und die Medien in England und in den Vereinigten Staaten in den ersten Kriegsjahren auf die blutigen Nachrichten mit einer gewissen Zurückhaltung reagierten, ist nicht unverständlich. Das Argument von der schwierigen Verifizierbarkeit und den mangelhaft arbeitenden Nachrichtendiensten ist möglicherweise stichhaltig, obwohl abzuwarten ist, was aus den bislang verschlossenen Archiven der Alliierten zutage treten wird. Aber das damit verbundene Argument, die Alliierten hätten nicht in den Fehler der Greuelpropaganda verfallen wollen wie im Ersten Weltkrieg, als außer den Sensationsblättern auch Schriftsteller wie Arnold Toynbee und John Buchan über die Barbarei der Deutschen während des Einfalls in Belgien im August 1914 schrieben, scheint mir weit hergeholt. Wird die Naivität der Alliierten auf diese Weise nicht allzu leicht entschuldigt?

Ganz abgesehen von der Invasion im Jahre 1914 in Belgien, die vielleicht nicht ganz so barbarisch war wie die englische Sensationspresse damals behauptete, war die Periode, die Laqueur beschreibt, »quite a different cup of blood«.

In Whitehall und Washington kannte man ja die Pläne der Nationalsozialisten: *Mein Kampf* war seit fünfzehn Jahren auf dem Markt, die *Gespräche mit Hitler* seit zehn Jahren. Der Einfall in die Tschechoslowakei und Polen, die Kristallnacht und die Euthanasie-Aktion waren noch frisch in Erinnerung. Die Konzentrationslager im Reich waren bereits berüchtigt, die Totenkopfdivision von Eicke und die Einsatzgruppen hatten schon rund zwei Millionen Morde auf dem Gewissen.

Es hat wenig Sinn, diese Liste mit Dutzenden von Angaben zu verlängern. Einem sachlich denkenden, informierten Bürger hätte dies genügen müssen, um die Berichte über die Massenmorde in Polen glaubhaft erscheinen zu lassen, ohne den Nebengedanken an Greuelpropaganda. Und für Regierungen mit gutgeschulten Diplomaten und Geheimdiensten? War es Naivität oder vorgeschützte Angst, die Bürger könnten die Berichte mit Greuelpropaganda verwechseln? War es lediglich Gleichgültigkeit gegenüber dem Schicksal von Millionen oder fällt die Erklärung weitaus zynischer – und realistischer – aus?

Laqueurs Analyse ist beängstigend genug, erweckt in mir aber den Verdacht, er schrecke vor der letzten Konsequenz zurück. Er schreibt: »Auch als man in London und Washington eingesehen hatte, daß die Angaben über die Massenmorde stimmten, sorgten die Regierungen Großbritanniens und der Vereinigten Staaten dafür, daß ihnen nicht zu viel Publizität gegeben wurde.« Warum diese Besorgtheit über zu großes Aufsehen? Bei den Juden in diesen Ländern ist die Furcht, als Panikmacher angesehen zu werden, durchaus begreiflich. Doch bei den nichtjüdischen Alliierten? Es sind genau diese Fragen, die uns heute noch genauso heftig schmerzen wie damals.

Ich weiß nicht, ob Gilberts Buch bislang viele Leser gefunden hat. Für mich hat es viele quälende Fragen beantwortet. Die Sphinx ist gestürzt und alle Illusionen sind zerstört. Die Buchseiten stapelten sich wie Bleigewichte auf meinem Geist. Was muß Gilbert beim Schreiben dieser dreihundertfünfzig Seiten empfunden haben? Mit erschreckender Präzision zählt er in chronologischer Reihenfolge die Ereignisse, die Besprechungen, Aufzeichnungen und Memoranden der Allierten auf, die sich auf den Verlauf der Endlösung von Mai 1942 bis Mai 1945 beziehen.

Politischer Zynismus, Opportunismus, Trägheit, Gleichgültigkeit, Haß und Naivität stehen gegenüber der Verzweiflung und dem Untergang der Verfolgten und ihrer Verwandten, Gefährten und Freunde.

Die wenigen Gerechten in Amts- und Regierungsfunktionen wurden daran gehindert, mehr zu tun, als in strategischen und politischen Begriffen zu denken. Gilbert gibt nicht nur die katastrophalen Berichte wieder, sondern zeigt auch, wie Schritt für Schritt, mit jedem Bericht, die Namen der Vernichtungslager zum lähmenden Alptraum wurden.

Es dauerte bis 1942, bevor die Alliierten sich in mühsam errungener Übereinkunft zu einer Erklärung bereitfanden, in der sie Deutschland wegen seiner Ausrottungspolitik verurteilten und in der von Vergeltung und Strafe die Rede ist. Auschwitz wird in dieser Erklärung noch nicht genannt. Es ist bloß ein Name auf der Karte, wenn auch auf einer strategischen Karte.

Die Erklärung, mit großer Mühe zustandegekommen, hat keinen Einfluß auf die Vernichtungspolitik. Wie auch der Krieg verläuft, die endlos langen Viehwaggonzüge rollen unaufhaltsam weiter zu den Gaskammern in Polen.

In den Jahren 1942–1943 ist die Flucht aus Bulgarien und Rumänien offenbar noch möglich. Aber der Transit durch die Türkei und die Zulassung im damaligen Palästina sind Barrieren aus Granit. Kolonialminister Lord Moyne und Kriegsminister Oliver Stanley im britischen Kriegskabinett lassen nicht einmal die niedrigen Einwandererquoten zu, die im White Paper von 1939 für jedes Jahr festgelegt waren.

Trotz Fürsprache, politischem Druck, ja, sogar entgegen der flehentlichen Bitten von Chaim Weizman, Moshe Shertok und vielen anderen, blieben die lebensrettenden Tore geschlossen, außer für einige hundert Kinder, und auch das erst nach dem Eingreifen von Winston Churchill. Unterdessen waren die verrosteten Transportschiffe mit Hunderten von Flüchtlingen an Bord zurückgeschickt worden oder im Schwarzen Meer gesunken. Die Türkei und Großbritannien blieben unerbittlich. Die Politik im Mittleren Osten schien sichergestellt und Hadschi Amin el Husseini, Großmufti von Jerusalem, Freund und Vertrauter von Hitler, Himmler und Eichmann, war zufrieden.

Aber auch im Westen waren alle Tore zu. Amerika und England riegelten ihre Küsten nahezu hermetisch ab vor den jüdischen Flüchtlingen, die Schweiz nahm nur wenige Prominente und Kinder auf, zwischen 1933 und 1945 insgesamt fünftausend Seelen.

Vichy sah ebenfalls nicht nur zu, sondern trieb systematisch über Drancy die Juden in den Tod, zuerst die Emigranten, dann auch die Juden mit französischem Paß. Ein paar Tausend flohen über die Grenze in die von Italien besetzten Gebiete um Grenoble und Nizza. Und die Italiener sahen weg, halfen manchmal sogar tatkräftig. Die Absurdität der Geschichte!

1944 dringen nach und nach Gerüchte über das am besten gehütete Geheimnis des Zweiten Weltkriegs in die Öffentlichkeit. Trotz der zur Beruhigung der Angehörigen verschickten Postkarten aus Auschwitz mit Poststempeln von nicht existierenden waldreichen Erholungsgebieten und einem Datum, an dem wir, wie wir heute wissen, ablesen können, daß der Absender eine Woche zuvor ums Leben gekommen war, ist einigen Slowaken klargeworden, was Auschwitz-Birkenau bedeutet. Doch die Berichte aus der Slowakei und Ungarn werden im Westen immer noch als Horrorgeschichten abgetan.

Erst im April 1944, als Rudolf Vrba und drei Kameraden die Flucht gelungen war und aufgrund ihres mit großer Genauigkeit zusammengestellten Rapports über das fabriksmäßige Morden in Birkenau, geraten die Teilchen des Puzzles allmählich an ihren Platz. Überprüfungen und Nachprüfungen, Verhöre und Kreuzverhöre gehen der Verschickung des Rapports voraus. Die Bedenken der Partisanen und Juden, sie könnten in der Schweiz, in England und in den Vereinigten Staaten auf Ungläubigkeit stoßen, sind geradezu tragikomisch.

Es dauert noch über drei Monate, bis die Schreckensbotschaften in den Hauptstädten der Alliierten eintreffen, und unterdessen verschlingen die Krematorien und Verbrennungsgruben täglich zehn- bis zwanzigtausend Unschuldige. Höchste Eile ist geboten. Hunderttausende Juden in Ungarn könnten noch gerettet werden, Tausende aus den anderen deutschen Besatzungsgebieten. Shertok und Weizmann bitten den britischen Außenminister Eden im Namen der Jewish Agency, die Bahngeleise nach Auschwitz und die Krematorien und Gaskammern bombardieren zu lassen.

John Pehle, Direktor des War Refugee Board (Kriegsflüchtlingskomitees) in den Vereinigten Staaten geht als Vermittler zu John J. McCloy, dem stellvertretenden Kriegsminister, der nach 1945 als Hoher Kommissar der Vereinigten Staaten in Deutschland Albert Speer und dessen Familie in Schutz nahm und zum Tode verurteilte Kriegsverbrecher wie die Einsatzgruppenkommandanten Jost und Blum begnadigte. Pehle fordert, amerikanische Bomber auf diese Ziele einzusetzen.

Ähnliche Bitten kommen aus der Schweiz, aus Polen, aus Ungarn.

McCloy in Washington und Lord Sinclair in London reagieren zögernd und ausweichend. Ihre Argumente lauteten:
- die Situation müsse untersucht werden;
- die Bombardierung von Eisenbahnknotenpunkten sei nicht zweckmäßig, da diese rasch ausgebessert werden könnten;
- die Flugstrecken seien zu lang, es könne nicht aufgetankt werden;
- die Flugstrecken seien zu lang, das Risiko sei zu groß. Bombenangriffe auf die Krematorien in Auschwitz seien nicht möglich:

– wegen der Flugabwehr müsse zu niedrig geflogen werden;
– es könnten dabei zu viele Häftlinge getötet werden;
– die Ziele seien wegen der Rauchwolken nicht deutlich erkennbar;
– vorherige Aufklärungsflüge seien nicht möglich;
– wegen der Kriegsführung im Westen stünden keine Flugzeuge zur Verfügung;
– es gäbe zu wenig Freiwillige für solche Einsätze; schließlich:
– gezielte Angriffe wie hier erforderlich lägen nicht im Rahmen der technischen Möglichkeiten.

Gilbert, aber auch Lichtenstein, Wyman und Offiziere der amerikanischen Luftstreitkräfte, die 1944 Auschwitz überflogen haben, entkräften diese Argumente der Reihe nach mit unwiderlegbaren Beweisen.

Hier ist nicht der Ort, im einzelnen darauf einzugehen. Nur die zwei eklatantesten will ich hervorheben für alle, die wie ich damals im August 1944 die weißen Streifen der Hoffnung sahen und den Donner der Freiheit in der Ferne hörten.

Gilbert entdeckte in den Archiven des Foreign Office und in den Luftwaffenarchiven der Vereinigten Staaten und Großbritanniens Luftaufnahmen, die vor und nach den Bombenangriffen auf die Ölraffinerien und Fabriken von Monowitz, Blechhammer und Trzebinia gemacht worden waren.

Präzise Fotos, datiert von Mai bis September 1944, von Auschwitz-Birkenau mit seinen rauchenden Krematorien und Menschenschlangen, die auf den Tod warteten. Für die damalige Zeit in hervorragender Qualität. Nur: niemand schenkte diesen Schlangen Aufmerksamkeit, niemand beachtete die Krematorien.

Wer flog die Bomber und woher kamen sie? Die Antwort ist zu einfach, denn sie straft die Argumente Lügen mit einer Leichtigkeit, daß sie sogar heute noch ein Schlag ins Gesicht ist. Um die deutsche Treibstoffversorgung zu unterbinden, hatten die Amerikaner bereits 1943 den Plan »Operation Pointblank« vorbereitet. Im April 1944 entstand über der Region von Auschwitz die erste Serie von Aufklärungsfotos, die außer den Industrieanlagen auch das Lager deutlich zeigten. Nach der Invasion in Italien verfügten die Alliierten über den Flugplatz in Foggia, von dem aus sie mühelos über Poltava - hinter den russischen Linien - die Produktionsanlagen bei Auschwitz anfliegen konnten, und von dem aus sie auch während der »Operation Frantic« Anfang August 1944 den Widerstandstruppen in Warschau Hilfe leisteten.

Die Verluste an Menschen und Material waren relativ gering. Die Bombenangriffe erfolgreich.

Die verirrten Bomben auf Birkenau waren nichts als ein technischer Schönheitsfehler gewesen. Beim Versuch, der deutschen Luftabwehr zu entkommen, hatte sich ein alliierter Pilot seiner Bombenlast entledigt.

Nachschrift

Das Gefühl, daß die Welt mehr oder minder diskret wegschaut oder ungerührt zusieht, wie Hunderttausende systematisch getötet werden, während man selber weiß, daß jeder Tag, den man erlebt, ein böser Witz des Zufalls ist, dieses Gefühl läßt sich nicht in Worte fassen.

Zähneknirschende Wut schlägt um in Resignation und Gleichgültigkeit, doch wenn man der Hölle lebend entkommen ist, blickt man erschüttert und ohne zu begreifen, zynisch oder apathisch oder ohnmächtig zurück.

Es ist schwer, eine Haltung einzunehmen den Menschen gegenüber, denen man nach solchen Katastrophen begegnet. Wo haben sie damals gestanden? Haben sie weggeschaut oder zugesehen? Haben sie mitgemacht oder haben sie Widerstand geleistet?

Die Fragen bleiben in der Kehle stecken. Das Mißtrauen und Verdrängen bleibt, vor allem das Verdrängen.

Abstand gewinnen, Objektivieren kann helfen, kann die Wunden kühlen. Deshalb diese spekulative Nachschrift ohne wissenschaftliche Prätention.

Warum haben in den Ländern der Achsenmächte so viele geschwiegen, so viele auch in den Ländern der Alliierten und in den besetzten Gebieten?

Vor allem für Deutschland scheint die Erklärung einfach: Die Angst, als Strafe für Wissen oder Sprechen selbst dem Terror zum Opfer zu fallen, war begründet. Doch diese Angst war in anderen Ländern fehl am Platze. Auch bei den Opfern, den Juden und Zigeunern.

Laqueur und Gilbert weisen deutlich nach, daß viel mehr über die Nazigreuel bekannt war, als angenommen wurde, auch bei der »einfachen« Bevölkerung. Warum also das Schweigen?

Worte wie: Sadismus, Feigheit, Gleichgültigkeit und Opportunismus reichen nicht aus, obwohl man sie nicht ohne weiteres außer acht lassen kann. Ein stärkeres Argument ist die Erklärung, daß Menschen mit einem Gefühlsleben, das nicht völlig abgestorben ist, solche Berichte nicht an sich heranlassen können, ohne an Leib und Seele Schaden zu nehmen.

Nur wenige können sich eine Welt vorstellen, in der alte Menschen, Kranke, Kinder und schwangere Frauen wie unnützer Abfall beseitigt werden, in der die Würde des Menschen mit Füßen getreten wird, in der ein Mensch nur noch ein von Ungeziefer befallenes Tier ist, solange brauchbar, wie sein Muskelgewebe nicht völlig aufgezehrt ist.

Berichte über eine solche Welt können nicht wahr sein, denn sie stellen alle Werte in Frage, die wir kennen.

Sogar Neuankömmlinge in Auschwitz und in den anderen Vernichtungslagern, die bei der Selektion der Gaskammer entkommen waren, vermochten in den ersten Tagen nicht zu glauben, daß die rauchenden Schornsteine nicht zu Fabriken gehörten. Die Geschichten, die ihnen von anderen Gefangenen zugeraunt wurden, verstanden sie als grausamen Scherz zur Eingewöhnung. Wenn die Wirklichkeit zu ihnen durchdrang, fiel zugleich Nacht über ihren Geist, wie es auch mir geschah. Dieses psychische Sicherheitsventil diente vermutlich den meisten Menschen mehr oder minder als Mittel zur Selbsterhaltung.

Ein anderer Mechanismus, der dem Schweigen Vorschub leistete, war die Ungewißheit, was andere gehört oder gesehen hatten. Selbstverständlich hatte der eine oder andere bessere und verläßlichere Informationen, denen er mehr oder minder Glauben schenkte, was an sich noch kein Grund gewesen wäre, sich darüber auszuschweigen.

Die Unsicherheit hingegen, inwiefern andere gleichfalls Bescheid wissen, kann allerdings die Lippen versiegeln. So ergab sich die Situation, daß die Menschen ohne Grund annahmen, ihre Kenntnis über die massenhaft betriebenen Grausamkeiten werde von anderen nicht geteilt, oder gerade umgekehrt, diese Kenntnisse wären allgemein bekannt.

Und dann den Mund aufzumachen und zu protestieren, das erfordert Mut und Rückgrat.

Das Dilemma: Wer glaubt mir, wenn ich als einziger das Unglaubliche zu wissen glaube, und wer schützt mich vor Spott und Strafe, wenn ich das allgemein Bekannte enthülle, war ohne große moralische Kraft nicht zu bewältigen.

Diese Kraft aber ist die Voraussetzung für passiven und aktiven Widerstand und nur wenige besaßen sie.

Der Beginn einer Reise

Westerbork, 3. Oktober 1942, Tag des Entsetzens. Zwölftausend Männer, Frauen und Kinder, sitzend, liegend, herumhängend auf ausgebeulten Koffern und Rucksäcken. Grau und verschwitzt. Tränen, versickert im Staub auf unrasierten Wangen. Laut gerufene Vornamen, Nachnamen, Ortsnamen. Streit um eine Handbreit Platz, einen Schluck Wasser, einen Löffel Essen. Schlangen und Gedränge vor den Suppenkesseln. Grüne, gelbe, blaue emaillierte Eßnäpfe wie Lampions in den Händen der Wartenden.

Tausende auf der Suche nach Frau und Kind, nach Wasser und Nahrung, nach Baracke und Schlafplatz, nach Waschplatz und Latrine. Braune, nach Teer stinkende Holzbaracken, voll mit wackelnden eisernen Gestellen: dreistöckige Betten aus Winkeleisen, Eisenband und ausgeleierten Federn. Menschen drängeln sich zwischen den Pritschen, gestikulieren erregt über die Verteilung von sechs Schläfern auf zwei Betten oder hocken unglücklich auf der Bettkante, weil durch die Überlastung jede Ordnung zusammengebrochen ist. Eintopf im Eßnapf, ohne Salz, Zwiebeln oder Fleisch, aber voll Schalen und Sand. Durst, Staub und Wasserknappheit.

Immer wieder Neuankömmlinge, die den vorhandenen Raum vermindern. Einfältig, weil sie noch nicht wissen, in welche Baracke, zu welchem Wasserhahn. Der Wissensvorsprung von zwei Stunden verringert das Gefühl der Unsicherheit.

Meine Eltern auf der Suche nach Bekannten, um aus kollektivem Nichtwissen Scheinsicherheiten aufzubauen. Ausschau haltend nach den Koffern, die an den Bahngeleisen, mehrere Kilometer vor dem Lagereingang, bei Männern in Overalls mit Mützen und Binden um den linken Arm zurückgeblieben sind.

Ich, ängstlicher Bewacher der Rucksäcke, eingeschüchtert durch Phantasien der Verlassenheit in einem Wald von Menschen.

Eine richtungslose Eisscholle, losgelöst von Vergangenheit und Zukunft. Was hat mich hierher verschlagen, an diesen gottverlassenen Ort in Zeit und Raum?

Vierundzwanzig Stunden zuvor war meine Nabelschnur zu der Zeit durchschnitten worden. Schrecken und Betroffenheit waren weniger groß, als ich es mir in den vorangehenden Wochen und Monaten vorgestellt hatte. Die Festnahme verlief anders, gemächlicher. Wie eine bedrohliche, aber unabwendbare Naturkatastrophe.

Draußen war es noch ziemlich hell. Nicht später als fünf Uhr nachmittags, zu einer Stunde, in der man glaubt: Heute kommen sie nicht mehr. Doch sie kamen: ein *Grüner* mit zwei niederländischen Polizisten. Wir hörten den Kies knirschen, sie brauchten nur kurz zu läuten. Sofort war jemand an der Tür, meine Mutter, glaube ich, denn warum soll man eine gute Haustür zusammentreten lassen?

Einer der Polizisten, halb in der Diele: »Wohnen hier Arthur Israel Durlacher, seine Ehefrau Erna Sarah Durlacher geborene Solomonica, sein Sohn Gerhard Israel Durlacher, sowie Frau Ilse Sarah Maltenfort geborene Solomonica, Hans Israel Fleischmann und Herman Israel Feiner?« Eine überflüssige Frage, die mir drohend und lächerlich zugleich vorkam.

An das, was dann folgte, kann ich mich nicht mehr genau entsinnen, ich begriff nur, daß innerhalb weniger Stunden gepackt werden mußte, in Anwesenheit eines der Polizisten. Noch heute hege ich einen Widerwillen gegen Rucksäcke und Packlisten, so wie mir viele Dinge widerwärtig sind, die für meine Mitbürger zu den gewöhnlichsten Dingen der Welt zählen: Uniformen, Stacheldraht, Feuerwachttürme.

Die Packlisten waren schon Monate zuvor vom Jüdischen Rat ausgeteilt worden. Die Rucksäcke mußten selbst angefertigt werden. Wie konnte man Sackleinwand auftreiben und wer sollte sie verarbeiten? Wer würde Daunendecken gegen Wolldecken umtauschen? Wo wurden noch Campingbesteck und emaillierte Eßnäpfe verkauft?

Was war das für ein grimmiges Picknick, das uns erwartete? Nach verworrenem Hin- und Hergerede verschwand der grüne Mof* mit seinem niederländischen Handlanger. Der zurückgebliebene Polizist begann sich ungeschickt zu rechtfertigen. Er könne nichts dafür, er müsse den Befehl befolgen; wir sollten ihn nicht in Schwierigkeiten bringen durch Fluchtversuche oder durch Kontakte mit den Nachbarn; auch das Telefon durften wir nicht benutzen. Kurzum: wir sollten froh sein, daß wir an einen so menschlichen Polizisten geraten waren. Und wie obrigkeitshörig wir ihm gehorchten! Man stelle sich vor, er hätte ja von seinem Chef oder einem Mof einen Rüffel bekommen können!

Später erzählte uns Hans Fleischmann, er habe eine Armeepistole in seiner Kiste versteckt gehabt. Die Waffe stammte noch aus seiner Militärdienstzeit beim K.u.K.-Regiment, er habe jedoch keinen Augenblick lang daran gedacht, sie zu seiner eigenen Rettung zu benutzen. Er wollte uns keiner Gefahr aussetzen, denn er wußte, welche Repressalien dafür drohten.

Fast gleichzeitig mit unserem anderen Gast, Haus- und Schicksalsgenossen, »Onkel« und Freund Herman Feiner war Fleischmann 1939 mittellos und hungrig in die Niederlande gekommen. Ein paar Monate davor war meine Tante, Mutters Schwester, bei uns eingezogen, nachdem meine Eltern durch Audienzen und Bittschriften bei den Ministern Goseling und de Kroon durchgesetzt hatten, daß man sie nach der Kristallnacht über die Grenze ließ. Völlig verarmt kam sie zu uns nach Rotterdam und bezog das Zimmer, wo vor ein paar Monaten meine Großmutter durch den Tod von ihrer Angst vor der Gestapo

* Mof = Schimpfname für die Deutschen.

erlöst worden war, eine Angst, die mir, dem kleinen Jungen von zehn Jahren, absurd erschien.

Auch Fleischmann und Feiner waren mit ihrem Koffer und zehn Reichsmark in letzter Minute über die Grenze geschlüpft. Wie sie, an einen Lebensstandard gewöhnt, mit dem verglichen der unsere sich bescheiden ausnahm, von den Almosen des Jüdischen Rates (oder wie immer dessen Vorläufer 1939 hieß) leben konnten, wird mir stets ein Rätsel bleiben.

Wie lebendig hatte Feiner von den Diners bei Kempinski erzählt, von seinen Kollegen in Berlin, wo er bis zur Ankunft Hitlers Regisseur und Bühnenautor gewesen war, und mit allen befreundet, die etwas mit dem Theater zu tun hatten. Seine Freunde vom Emigrantenkabarett in Schevenigen, Max Ehrlich, Kurt Lilien, Rudolf Nelson, Camilla Spira und Willy Rosen hatten ihn über die Grenze geholt, während sie selber ein schlichtes Emigrantendasein führten. Ich glaube, sie haben auch ihrem Freund und Kollegen vom Wiener Volkstheater, Hans Fleischmann, bei der Flucht geholfen. Beide verschlissen ihre perfekten Maßanzüge als Untermieter in Rotterdam.

Meine Eltern machten ihre Bekanntschaft auf einem großen Musikabend zugunsten der Flüchtlinge, die ein halbes Jahr lang auf der St. Louis über den Ozean geirrt waren und, statt im sicheren Kuba, sich mit einem Unterschlupf in den Niederlanden, in Belgien, Frankreich oder England abfinden mußten. Monate vor dem deutschen Einfall waren beide längst abendliche Gäste an unserem Tisch, und am 10. Mai 1940 waren sie mehr als Freunde: Sie waren Familienmitglieder geworden.

Was war das für eine lebhafte Tafelrunde an den Freitagabenden vor dem Krieg! Der Tisch war ausgezogen und zehn bis zwölf Menschen saßen redend, gestikulierend, kauend, politisierend um ihn herum. Manchmal ertönte das Gebrüll Hitlers oder Goebbels' aus dem Lautsprecher des Radios, dann hielten alle den Atem an und trauten sich kaum zu essen. Es waren immerhin Wetterberichte von einen Feuersturm, und jeder versuchte zu erraten, ob er sich legen oder uns versengen werde.

Vor allem die Gäste aus dem Holland-Amerika-Hotel – einem kahlen, kalten Gebäude, das den verstörten Flüchtlingen der St. Louis ein leckendes Dach und zugige Zimmer bot – waren düster gestimmt. Ihre mißlungene Flucht über den Ozean hatte den Charakter eines Alptraums. Sie ahnten die Wölfe noch dichter hinter sich als wir.

Ihre Verbannung in das knapp fünfzig Kilometer von der deutschen Grenze entfernte Lager Westerbork, auf Druck der niederländischen Regierung und unter den wohlwollenden Blikken des Jüdischen Rates, muß ihnen 1939 das Gefühl vermittelt haben, Gott und die Welt habe sie verlassen. Dieses Gefühl, das sich auch körperlich äußert, als ströme zu dünnes Blut in den Adern, so daß das Herz wie verrückt zu pumpen beginnt, ist die Angst. Am 10. Mai 1940 lernte ich es in seiner vollen Wucht kennen, stärker als in meinen Kinderjahren in Deutschland, als Hitlerjungen mich wie ein schutzloses Stück Wild jagten, mir nachjohlten und mich schlugen.

Der Anfang des Krieges ist für mich ein blauer Himmel mit grauen Watteflecken, das dumpfe Krachen der Abwehrgeschütze und die keuchende Stimme des Radiokommentators als Hintergrundgeräusch vor den überreizten Stimmen meiner Eltern und meiner Tante. Der einzige, der einigermaßen Ruhe bewahrte, war Fleischmann, der in der Nacht vom 8. auf den 9. Mai mit einem Vorgefühl drohenden Unheils zum Schlafen bei uns geblieben war. Er wußte als einziger, was Krieg bedeutete, aber innerhalb weniger Stunden wußten auch wir es.

Am anderen Ufer der Schie, auf dem Baugelände, wo ich noch vor ein oder zwei Tagen mit Freunden durch den Schlamm gewatet war, lag ein Nest von Maschinengewehrschützen mit drei ganz jungen Soldaten in sauberen Uniformen. Ein paar Tage später sah ich sie trotz des Verbots der Erwachsenen wieder. Blutig lagen sie nebeneinander, besudelt vom Tod. Hundert Meter weiter, neben der italienischen Eisdiele, wo ich im vorigen Sommer meine Fünfcent-Stücke verpraßt hatte, stand eine Garage. Dort wartete der dunkelgrüne Chevrolet meines Vaters auf unsere Flucht.

Die Kriegsereignisse wirkten zunächst lähmend auf uns. Feiner hatte sich zu uns gesellt und drängte mit vor Angst erhärteter Stimme zur Flucht. Diskussionen und Auseinandersetzungen über die Chancen und Risiken; Weinen und Migräne, und im Hintergrund entweder nervenzermürbende Nachrichten oder nervenzerreißende Stille. Der Lautsprecher meldete Ausgangsverbot. Die Straße wurde verbotenes Terrain, für die deutschen Juden ebenso wie für ihre Todfeinde, die Deutschen, die sich in diesen Maitagen bereits hier aufhielten. Ein stumpfsinniger, herzloser Befehl. Unsere Pässe waren immerhin seit einem Jahr mit einem großen J gebrandmarkt.

Wir warteten und warteten, gelähmt wie Kaninchen im Scheinwerfer der Gefahr. Fliehen erschien lebensgefährlich. Kindliche Erwartungen über die Uneinnehmbarkeit der Wasserlinie wurden wie beschwörende Formeln laut. Die Tage bis zum 14. Mai waren in einen Schleier von Angst gehüllt. Um ein Uhr mittags zerriß den Schleier peitschendes Knallen von Abwehrgeschützen und schweres Gewittergrollen. Wir rannten die Treppe hinunter in die schützende Obhut des backsteinernen Torbogens. In beiden Ecken zusammengekauert, die Treppenöffnung meidend, warteten wir auf den großen Schlag, während das Abwehrgeschütz immer heftiger feuerte. Meine Phantasie reichte nicht aus, mir die Verstümmelung durch Brand- oder Sprengbomben, geschweige denn den Tod vorzustellen. Nur ein Gedanke flitzte durch mein Hirn: Laß es kommen, laß es bald vorbei sein.

Dann, nach ein paar schrecklichen Erdstößen, Schutt, Kalk, Steine und Staub; vor allem Staub und Stille. In der Ferne Gewittergeräusche, schreiende Stimmen. Eine alte Nachbarin reglos auf dem Boden. Risse in den Mauern, durch die man hereinsehen kann. Überall Glas, kein Möbelstück mehr an seinem Platz. Der Telefonhörer baumelt aus einem Gemälde. Mein Hund ist verschwunden. Dann plötzlich ein lauter Befehl Fleischmanns: »Bückt euch! In die Ecke!« Er beugt sich über uns. Stotternde Flugzeugmotoren und scharfes Pfeifen. Abermals Erschütterungen und donnernder Krach, etwas weiter als das erste Mal. Das Haus schlingert wie ein Schiff im Sturm, hält aber stand. Wieder Staub und Trümmer, dann ist es vorbei. Nur in der Ferne ein Tönen wie von einem atonalen Chor. Entsetzt, blaß und staubig betrachten wir uns gegenseitig, uns selber, das zerborstene Haus. Niemand im Torbogen ist ernsthaft verletzt. Die alte Dame erhält eine Pille von ihrer Tochter und kommt wieder zur Besinnung. Der Bombenangriff auf Rotterdam ist vorüber.

Alle gehen auf die Straße hinaus. Bombenkrater, mannstief, unmittelbar vor dem Haus. Mein Hund ist fort. Gibt es dort drüben Verletzte? Was ist passiert? Auf der Straße stehen die Leute gruppenweise im Gespräch. Das Wort »Kapitulation« fällt. Was bedeutet das?

Ein Freund meiner Eltern, der ein paar Straßen weiter wohnte, bot seine Hilfe an. Er, ein Niederländer, Nicht-Jude, und in diesem Moment in unseren Augen allwissend, riet uns, die Flucht über Ijmuiden zu versuchen.

Fast ohne Gepäck, das lederne Toilettenköfferchen – aus unerfindlichen Gründen Ezechiel genannt – vollgestopft mit Papieren und Wertsachen fest in Vaters Hand, schlichen wir uns an den Hauswänden entlang zu den Garagen am anderen Ufer der Schie. Angst vor Bombenkratern und herabfallenden Trümmern, mehr Angst, angehalten zu werden. Durfte man überhaupt auf die

Straße, auch wenn das Haus eine Ruine war? Ein gespenstischer halber Kilometer. Quälender Durst.

Die Aufregung und der Schock hinderten Vater daran, das Auto mit gewohntem Schwung aus der Garage zu fahren, doch einmal unterwegs machte seine Nervosität einer eiskalten Ruhe Platz, die sich auch auf uns übertrug. Kein Wort darüber, was wir zurückließen. Es war im selben Augenblick vergessen, obwohl jedes einzelne Möbelstück, mir seit frühester Kindheit vertraut, stets mit übertriebener Sorgfalt gepflegt worden war.

Durch Blijdorp fuhren wir in Richtung Schiebroek. In der Ferne die Zugbrücke, aufgesperrt wie eine Rattenfalle. Kleine Gruppen von Soldaten. Halt. Die Angst eiskalt im Rücken. Ein Unteroffizier, nicht unfreundlich, steckt den Kopf durchs Fenster und erkennt offenbar die Situation. Meine Mutter ergreift das Wort. Ihr schwerer Akzent und die ausgeprägten Gesichtszüge machen Legitimation und Erklärungen überflüssig. Es täte ihm leid, er könne uns nicht helfen, die Brücke sei durch Schüsse beschädigt, weiterfahren nicht möglich; vielleicht über den Bergweg oder die Maasbrücke?

Zurück, aber nicht an unserem Haus vorbei. Die Angst, erkannt zu werden. Über den Walenburgerweg zum Bergweg. Rennende Menschen, Schüsse, vermutlich ein Gefecht mit deutschen Fallschirmjägern. Heftiges Winken: »Fahrt weiter, Gefahr«. Ein harter Stoß, ein Streifschuß am glänzend polierten Kotflügel. Mir kam es wie ein Verbrechen vor.

Ijmuiden schien unerreichbar. Wohin dann? Nach Zeeland? Mein Vater kannte den Weg zur Maasbrücke. Wie oft hatten wir an Sonntagnachmittagen Cousin und Cousine auf der Insel besucht, wo Mutter meinen Vater und unseren angeheirateten Cousin beim Einstudieren von Verdi-Duetten oder Operetten am Klavier begleitet hatte.

Ich weiß nicht, wie nahe wir an die Maasbrücke herangekommen waren, sie blieb jedoch unerreichbar. Alle Autos, Radfahrer,

Fußgänger wurden zurückgeschickt. In der Ferne Marinesoldaten, das Gewehr im Anschlag. Explosionen und Rauch. Angst und Verzweiflung bei uns Autoinsassen. Vater, heiser wie im Lampenfieber vor einem Gesangsvortrag und kreidebleich, riß das Lenkrad herum und versuchte, den Weg in die Van Weelstraat zu finden, wo mein Onkel wohnte.

Wie in einem Fiebertraum sah ich vorbeihuschende Bilder des brennenden Rotterdams. Die Gegend, wo unsere Verwandten wohnten, war nicht getroffen worden. Der Keller im Haus meines Onkels war sogar mit Stützbalken versehen. Seine Umsicht überraschte uns. Es war alles sehr eng, aber einen anderen Zufluchtsort hatten wir nicht. Vater versuchte zu erzählen, brach in Tränen aus und fiel plötzlich in Ohnmacht. Der Anfang vom Ende hatte begonnen.

Heute, mehr als vierzig Jahre später, erscheinen mir die restlichen Frühlingsmonate des Jahres 1940 wie eine unscharfe Dia-Serie. Ich sehe meine Eltern auf der Suche nach einer anderen Unterkunft, in Etagen- oder Kellerwohnungen in Blijdorp – die Freude bei jedem neuen und die Enttäuschung bei jedem gescheiterten Versuch: vermietet oder unbezahlbar. Leere Zimmer, die mit voluminösen Möbeln aus Großvaters Zeiten gefüllt werden müßten. Das möblierte Appartement am Heemraadsingel mit sechs über alle Zimmer verteilten Betten und einem schwer erreichbaren WC, zu dem man mich bei jedem Luftalarm, schwindelig und mit revoltierenden Eingeweiden, führen muß. Die Heimkehr in die beschädigte und wieder hergerichtete Wohnung am Schieweg mit den zementierten Rissen und dem Geruch nach frischem Fensterkitt und jungem Bretterholz.

Am Abend unserer Heimkehr füllt der wilde Bariton eines alten Klassenkameraden von Mutter, Pianist und Dirigent, das Haus mit Smetana und Schubert. Zum Glück kann er nicht bei uns übernachten und fährt in seinem dunkelgrünen, uralten kleinen Fiat aus unserem Leben. Wir winken ihm auf dem Gehsteig nach.

In dieser Nacht entlädt sich ein heftiges Gewitter über der Stadt. Ängstlich liege ich in meinem Bett, geweckt vom Donner, mit einer Vorahnung von Unheil. Habe ich das rumpelnde Geräusch von Bombern gehört? Oder war es nur Einbildung? Mit elf Jahren weckt man die Eltern nicht mehr aus Furcht vor einem Gewitter oder vermeintlichen Geräuschen. Mürrische Worte: Es ist zwei Uhr, das ist Einbildung, Unsinn. Ich lasse mich nicht davon abbringen und liege ein wenig später, der Härte der hölzernen Bettkante zum Trotz, zwischen ihnen. Aber die Unruhe bleibt; ich höre noch immer, was es nicht zu hören gibt. Ein krachender Donnerschlag, der keiner war, reißt uns aus den Betten. Herumfliegende Glassplitter und Trümmer, ein Erdbeben, Regen und Sturm im Schlafzimmer. Die Betten zusammengebrochen. Wir flüchten die Innentreppe hinunter. Der harte Bouclé-Läufer voller Schutt und Scherben. Mein Fuß blutet. Unten sieht es aus, als hätte die Zeit seit dem 14. Mai stillgestanden, nur daß es diesmal verirrte englische Bomben gewesen sind. Die folgenden Stunden habe ich vergessen. Am nächsten Morgen habe ich einen verbundenen Fuß und sehe die Eltern im Nachthemd.

Die folgenden Wochen sind unterbelichtet. Wieder dasselbe Appartement am Heemraadsingel, wieder Schwindelanfälle, wieder Flugzeuglärm und Sirenen als Abführmittel. Fleischmann beugt sich über meinen Schulatlas. Wo ist ein sicherer Ort in den Niederlanden? Wo gibt es Wälder, um sich darin zu stecken, wo genügend Menschen, um nicht aufzufallen? Der Juli zieht vorbei wie eine Staubwolke; habe ich Geburtstag gefeiert und hat es die Zeit danach wirklich gegeben?

Dann: ein großes, weißgekalktes Haus an der Loolaan in Apeldoorn, darin eine lange Suite »mit Küchenbenutzung«. Die

Vermieterin mehr säuerlich als süß, aber nicht unverschämt, solange sie Geld wittert. Doch sobald sie fürchtet, der Strom könnte versiegen, ändert sich ihr Ton, scheint tiefer aus ihrer Kehle zu kommen, wobei ihre kurzsichtigen Schellfischaugen und ihr wucherndes Zahnfleisch meiner Mutter mehr Angst einjagen als der Wortschwall, den sie nur zur Hälfte versteht. Eine in meinen Augen schon alte, freundliche Frau aus der Nachbarschaft, eine etwas bäuerlich aussehende Witwe mit rotgeäderten Wangen und runden Augen, besucht uns zum Tee. Ihre Blicke und die unserer Wirtin kreuzen sich wie Degen. Dann ändert sich alles überraschend schnell. Die Tochter der Nachbarin, ein großgewachsenes Mädchen von etlichen zwanzig Jahren, von Natur aus oder aus Verlegenheit ständig errötend, dunkelhaarig und rundbrüstig, bekommt Gesangsstunden von meinem Vater. Ein pensionierter Seemann mit Mütze, Bibel und baptistischer Glaubensgesinnung, ein Verwandter oder Freund der Mutter, bietet uns sein soeben fertig gebautes Haus zu einem angemessenen Mietpreis an.

Das tägliche Leben erhält einen Anflug von Normalität. Mit Musik und Textilwaren verdient Vater gerade genug, um unsere größer gewordene Familie über Wasser zu halten. Doch ohne den Verkauf von Schmuckstücken aus besseren Zeiten hätten die mattgekratzten Rosenthalteller und -schüsseln einen tristen Anblick geboten. Der Faden meines unterbrochenen Schulbesuchs wird wieder aufgenommen. Der Bruch nach den Rotterdammer Ereignissen scheint überwunden. Freundlich werde ich vom Lehrer und von den Klassenkameraden aufgenommen und das Pauken für die Aufnahmeprüfung ist eher vergnüglich als bedrückend. Für kurze Zeit koste ich die Jugend aus. Ein zartgliedriges, sommersprossiges Mädchen mit rotbraunem Haar in der Parallelklasse ahnt nicht, daß meine Gedanken um sie kreisen. Mein Barett entlockt ihr und ihren Freundinnen girrendes Gekicher. Zu Hause versuche ich mich vor den ewigen Nachrichtensendungen, vor dem heiseren Gebrüll Hitlers und den anschließenden pessimistischen Kommentaren abzuschotten. Feiners Prophezeiung, der Krieg werde in drei Monaten zu Ende sein, wird nicht nur Lügen gestraft, sondern in verbissenen Diskussionen verhöhnt von den Hausgenossen und den vielen neuen emigrierten Gästen an unserem Tisch. Der ergraute Dr. Abel, Philosoph und Zahnarzt, verarmt, weise und mild, besänftigt die stachelige Atmosphäre, geht mit mir spazieren und erzählt mir vom sich ausdehnenden Weltall.

Mutter arbeitet sich die Hände rot und hört zuweilen mit seitlich geneigtem Kopf und gelassenem Lächeln zu, die ergrauenden Haarsträhnen mit dem Handgelenk aus der Stirn streichend. Oft zieht Vater sich schon um neun Uhr ins Schlafzimmer zurück, müde, den Spannungen nicht mehr gewachsen.

Ein Maimorgen 1941, einfarbig blauer Himmel, glänzender Tau auf den Sträuchern; ich bin unterwegs zu dem strengen Gebäude aus der Zeit von Thorbecke, in dem sich die Königliche Höhere Bürgerschule befindet, um mich gemeinsam mit anderen Altersgenossen der Aufnahmeprüfung zu unterziehen. Die Fassade des Hauses wirkt keineswegs freundlich, und der ältere grauhaarige Mann mit den forschenden Augen und knarrenden Schuhen, der uns in einem schäbigen Klassenzimmer mit hölzernem Fußboden, zerkratzten Schulbänken und einem schwarzen Kanonenofen empfängt, flößt uns Kindern Furcht und Respekt ein. Nach der relativen Geborgenheit der Grundschule spüren wir den Ernst der »Gesellschaft« und begreifen, daß von dieser Prüfung viel abhängt. Über unsere Aufgaben gebeugt, die immer länger und schwieriger sind als erwartet, hören wir Stunde um Stunde vor, neben oder hinter uns die gleichmäßig knarrenden Schritte von Dr. Logemann. Ab und zu wird es still. Dann schaut er einem von uns über die Schulter, sagt aber kein Wort und verrät mit keiner Geste, ob man den richtigen oder falschen Weg zur

Lösung eingeschlagen hat. An Reden oder Vorsagen wagt keiner auch nur zu denken.

Wenn mein Gedächtnis mich nicht täuscht, dauerte die Prüfung zwei Tage. Trotz den Kriegsverhältnissen, den beklemmenden Gerüchten über Razzien und den Spannungen in unserem überbevölkerten Haus warteten meine Eltern, unsere Hausgenossen und ich auf den schriftlichen Bescheid, als wäre er das wichtigste Dokument. Solche relativ unbedeutenden Dinge rückten hin und wieder die große Bedrohung in den Hintergrund. Man ließ uns nicht lange im Ungewissen. Offensichtlich hatte ich zwar die Aufnahmeprüfung bestanden, aber, so etwa lautete das Schreiben des Herrn Direktors Dr. Logemann, meine Zulassung sei nicht möglich aufgrund einer Verordnung der Besatzungsmacht, derzufolge jüdische Kinder nicht am Unterricht in nichtjüdischen Institutionen teilnehmen dürften.

In einer solchen Situation kann man auf unterschiedliche Art reagieren. Vater entschied sich für aktives Vorgehen und bat um eine Unterredung mit Dr. Logemann, der uns zu einem Gespräch bei sich zu Hause einlud. Während der unbehaglichen Teevisite gab er zu verstehen, daß er bereits Schritte unternommen habe, um mich durch einen jüdischen Kollegen, Dr. Wijler, in den geisteswissenschaftlichen Fächern unterrichten zu lassen. Er selber werde einspringen, sollten sich Probleme mit den naturwissenschaftlichen Fächern ergeben.

Die politische Bedrohung wurde im Laufe des Jahres 1941 zunehmend stärker. Im Familien- und Freundeskreis wuchs die Angst vor der Zukunft und der Deportation. Die wöchentlichen Unterrichtsstunden bedeuteten für mich keine Last, sondern ein befreites Aufatmen; ein verzauberter Garten, zu dem die Angst keinen Zutritt hatte.

Die Ordnung wurde jäh gestört durch den selbstgewählten Tod von Dr. Wijler. Die Worte einer Nachbarin und Gesprächsfetzen aus der halbgeöffneten Tür seines Wohnhauses betäubten mich vor Schmerz. Für Dr. Logemann muß das Ereignis ebenso erschütternd gewesen sein wie für uns. Er empfing mich auch nachher noch bei sich zu Hause, obwohl das nicht ohne Gefahr für ihn war.

Die Festnahmen und Deportationen in den Niederlanden nahmen im Frühling und Sommer 1942 zu. In Apeldoorn waren schon mehrere Familien davon betroffen. Am 2. Oktober 1942, nicht später als fünf Uhr nachmittags, zu einer Stunde, in der man glaubt: Heute kommen sie nicht mehr ...

Bis zur nächsten Deportation wurden Dutzende von jüdischen Familien, darunter auch die unsere, in die Zellen des Polizeipräsidiums von Apeldoorn eingeschlossen. Das Gefühl von Überrumpelung und Niedergeschlagenheit, das den Menschen unter diesen Umständen überfällt, läßt sich nicht beschreiben. Obwohl wir dort mit vielen Leuten zusammen waren, verhielten wir uns still. Ich hörte eine Tür öffnen und wieder schließen. Schritte kamen auf uns zu. Stiefel, aber auch andere, knarrende Schuhe. Dr. Logemann stand vor unserer Zellentür. Älter, milder geworden, mit Mühe die Tränen zurückhaltend. In seiner Hand ein Mathematikbuch: »Nimm das mit, vielleicht kannst du dort etwas damit anfangen. Ich wollte dir nur eine gute Reise wünschen.«

Die Illusionisten

Das eingeschriebene Päckchen von der Größe eines gebundenen Lehrbuchs, mit dem Bundesarchiv der Bundesrepublik Deutschland als Absender, liegt mir wie ein heißer Backstein in den Händen. Ich weiß von seinem bedrohlichen Inhalt ohne ihn zu kennen. Einige Wochen zuvor hat sich meine Vermutung bestätigt, daß der Film noch existiert und daß das Archiv in Koblenz ein Videoband besitzt. Presser, De Jong und einige andere Historiker wußten von der Filmproduktion, hielten aber den Film, den ich jetzt in Händen halte, für verloren.

Ich habe ihn zu Unterrichtszwecken angefordert, aber die wissenschaftliche Motivation überdeckt nur meine ängstliche Neugierde. Da stehe ich, in der sicheren Umgebung meines Instituts, mit dem Fragment eines Bildstreifens, der auf Kosten des Lebens von mehr als siebentausend Juden vom 16. August bis 11. September 1944 im Lager Theresienstadt aufgenommen wurde: *Der Führer schenkt den Juden eine Stadt*. Vor Dutzenden leeren Tischen und Stühlen, in einem von Leuchtstoffröhren grell erleuchteten Hörsaal lege ich mit unsicheren, kalten Händen die Videokassette in den Recorder, schalte den Monitor ein und warte mit hämmernden Schläfen auf das erste Bild.

Wie eine Ohrfeige knallt die Ouverture von Jaques Offenbach aus dem Lautsprecher, begleitet von Bildern aus der Metallwerkstatt, wo halbnackte Männer im Takt der Musik auf Ambossen glühendes Eisen schmieden. Die schnarrende Stimme des deutschen Kommentators: »Die Erhaltung und Erneuerung der Maschinen und Geräte verschiedenster Art machen eine Reihe von Werkstätten unentbehrlich, in denen die Schmiede und Schlosser, die Mechaniker und Elektrotechniker arbeiten. Für Arbeiter verschiedener Berufe und Handwerker gibt es auch in Theresienstadt Möglichkeiten, ihre Tätigkeit fortzusetzen ...«

Die Musik jüdischer Komponisten, damals schon seit Jahren in Deutschland und in den besetzten Gebieten verboten, läuft weiter. Die Stimme folgt den Bildern mit leeren Propagandaphrasen: Kunsthandwerk, ein Bildhauer vor seinem Entwurf für einen Springbrunnen, Werkstätten, wo Frauen und Männer, auf den grauen Gesichtern das vorgeschriebene Lächeln, den Judenstern auf der Brust, bei den lebhaften Klängen von Mendelssohns »Sommernachtstraum« Schuhe reparieren, Taschen zuschneiden und Kleider nähen. Der »Feierabend« und ein Fußballwettkampf mit zwei Siebener- statt Elfermannschaften auf dem Innenhof der Hamburgerkaserne, mit Tausenden von Statisten in schlechtsitzender Kleidung, die sich über die Balustraden der Bogengänge beugen: inszenierte Begeisterung. Eine Badeanstalt mit Männern unter Duschen, aus denen in Theresienstadt nur Wasser fließt. Eine Bibliothek, wo hinter dem Ausgabetisch Professor David Cohen* sich mit selbstzufriedener Miene mit einem Kollegen unterhält. Ein Vortrag von Professor Utitz, unter der Zuhörerschaft viele international berühmte jüdische Gelehrte, jetzt alte, abgemagerte Männer in mühsam glattgestrichenen, abgetragenen Anzügen, vor den traurigen Augen verbogene Brillen, Sterne auf den bangen Herzen.

Ein Konzertausschnitt. Der Dirigent Karel Ančerl vor einem Streichorchester aus Europas besten Streichern, vom Konzertpodium verjagt ohne den Einspruch von Dirigenten, die die Kunst zu retten glaubten, indem sie einen Pakt mit dem Teufel schlos-

* Prof. Dr. David Cohen, von 1941 bis Ende 1943 Vorsitzender des Jüdischen Rates, in Theresienstadt »prominenter« Häftling, Mitglied des Ältestenrates. Nach dem Krieg wurde ihm vom Jüdische Ehrenrat das Recht aberkannt, jüdische Funktionen und Ämter zu bekleiden wegen seiner fragwürdigen Haltung gegenüber der Besatzungsmacht.

sen. Die erste Aufführung einer »Phantasie für Streicher« von Pawel Haas, in Gefangenschaft, irgendwo auf einem dunklen Dachboden in Theresienstadt auf grauem Packpapier komponiert, auf dem der junge Pianist Gideon Klein die Notenlinien gezogen hat. Trotz der inszenierten Farce scheinen manche Zuhörer die Agonie ihrer Gefangenschaft für einen Augenblick zu vergessen.

Dann springt das Bild zu gepflegten Gemüsegärten über, wo überwiegend junge Leute bei den fröhlichen Klängen der Musik von verfemten Komponisten jäten und die Pflanzen gießen. Die Stimme des Nazi-Kommentators Lampl: »In den Schrebergärten der Familien gibt es ständig zu jäten und zu gießen, wächst da doch ein willkommener Zuschuß für den Küchenzettel.« Die Bunkerstrafe und Deportation, die den Erzeugern beim Verzehr des Gemüses drohte, wird im Szenario nicht erwähnt. Hingegen die Bilder eines idyllischen Sommerabends, strickende, plaudernde Frauen, spielende Kinder. Eine Mutter liest ihrer Tochter vor. Ich erkenne das Mädchen: Sie hat die Lager überlebt.

Beim letzten Bild keine Stimme in Stakkato-Deutsch. Ein friedliches Abendessen, am Kopfende der Tafel ein älterer Herr: David Cohen, Komödiant bis zuletzt. Das Filmfragment ist abgelaufen. Flimmerndes Schwarz-Weiß auf dem Monitor. Reglos, erkaltet bis in die Knochen, starre ich in meine Vergangenheit: Die Bilder meines eigenen Films ziehen an mir vorbei.

Ich sehe die schlurfenden, einander zur Eile drängenden Männer und Frauen mit grauen, müden Gesichtern, in feucht dampfenden Kleidern, zerknittert, fleckig, abgetragen. Die Älteren fröstelnd, den Rücken gekrümmt, manchmal am Stock oder an Krücken, rücksichtslos überholt und zur Seite gestoßen von Jüngeren; Kinder mit Gesichtern, auf denen sich die Resignation noch nicht eingenistet hat, mit harten Augen, die schon zu viel wissen.

Nicht als Zuschauer folge ich dem Strom durch die Bogengänge der Hamburgerkaserne. Mit dem unsicheren Gang und der leichten Schwindligkeit eines nach langer Krankheit Genesenen trotte ich mit in den Reihen der Alten, zur Eile angetrieben von Männern mit Binden um den Arm und alten Pudelmützen auf dem Kopf.

Lockere oder fehlende Fliesen und Bretter machen den Boden uneben. Verwitterte Mauern und wurmstichige Balken aus der Zeit Maria Theresias scheuern sich an meiner Schulter. Bögen und massive, glattgewetzte Balustraden gewähren Aussicht auf einen Innenhof, grauschwarz vor Schlamm und halb abgetautem Schnee. Wie bei der Aufführung einer Shakespeare-Tragödie im sechzehnten Jahrhundert stehen Tausende in den Bogengängen und drängen sich vor der Brustwehr auf den verschiedenen Stockwerken. Übereinandergelehnt in dichten Reihen, mit vorgerecktem Hals, eine Hand hinter dem Ohr gekrümmt, den gespannten Blick auf das Eingangstor gerichtet.

Von einem nicht lokalisierbaren Ort aus wird Unverständliches gerufen. Die Befehle: »Mützen ab«, »Ruhe« gehen wie ein Lauffeuer durch die Menschenknäuel. Die wogenden und schiebenden Bewegungen erstarren. Durch das Tor treten vier Männer. Die beiden ersten in SS-Uniformen, stramm, aber mit lässiger Arroganz. Sie stellen sich rechts vom Eingang, mit dem Rücken zum Gebäude auf. Wie uninteressierte Theaterdirektoren beobachten sie leicht amüsiert den Auftritt der hinter ihnen eingetretenen Hofnarren in ihren dunklen Mänteln, die unbeholfen zur Mitte des Innenhofs marschieren.

Einen von ihnen erkenne ich, und an der leichten Entspannung um mich herum spüre ich, daß auch die anderen ihn erkennen. Dr. Wachtel, der kleine, aufrechte Mann mit grauem Lockenhaar und begütigendem Altmännergesicht, berühmt geworden als Leiter der »Antragstelle« in Westerbork, wo er sich für viele Menschen eingesetzt und für einige sogar den Aufschub der Deportation in den Osten bewirkt hat. Einer der wenigen Männer mit dem Ruf der Unbestechlichkeit, eine Seltenheit in einer Umgebung, wo fast jeder, der nicht zum Transportproletariat gehörte, in Klatsch- und Verleumdungsgeschichten verwikkelt wurde.

Neben ihm, ebenfalls klein von Gestalt, aber mindestens fünfundzwanzig Jahre jünger, die nahezu intakte, gepflegte Erscheinung des Berliner Universitätsdozenten Dr. Eppstein, Judenältester in Theresienstadt. Wir wußten nichts von ihm außer der Tatsache, daß der vor kurzem ernannte Lagerkommandant Hauptsturmführer Rahm, der größere der beiden uniformierten Zuschauer, ihn, falls die Gerüchte stimmten, manchmal in aller Öffentlichkeit anbrüllte und sogar schlug.

Wachtel und Eppstein standen mitten auf dem Innenhof im Brennpunkt tausender Blicke als Überbringer einer unbekannten, mit Angst und Hoffnung erwarteten Botschaft. Der Judenälteste sprach, aber nur wenige verstanden seine Worte. Seine Stimme trug nicht weit und die Satzfetzen, die die Mauer der unruhigen Stille durchdrangen, erweckten den Eindruck einer mechanisch vorgetragenen Standardrede. Wir sollten dankbar sein, daß wir in ein Vorzugslager wie Theresienstadt gekommen waren. Wir sollten uns durch gutes Verhalten, Fleiß, Sauberkeit, Disziplin dieser Ehre würdig erweisen. Geld und Wertgegenstände, die absichtlich oder versehentlich bei der Ankunft nicht abgegeben worden waren, müßten unverzüglich abgeliefert werden. Ein Versäumnis werde mit Einzelbunker und Deportation bestraft. Und ferner Vorschriften, Vorschriften, Vorschriften.

Die Aufmerksamkeit ließ nach. Raunendes Geflüster. Wir kannten das Klatschen der Peitsche. Ein bis zwei Jahre Lagererfahrung in Westerbork oder Vught waren nicht ohne Spuren an uns vorübergegangen. In unseren Augen brannte eine einzige Frage: Waren wir hier sicher vor der Deportation in den unbekannten, drohenden Osten? Dr. Wachtel verstand unsere Todesangst. Bei seinen ersten Worten trat völlige Stille ein. Mit süddeutschem Tonfall und der geschulten Stimme des altgedienten Offiziers, gemessen und deutlich sprach er die Worte, die unsere schwelende Sorge auslöschten: Er, ehemaliger Stabsoffizier während des Krieges 1914/18, ausgezeichnet mit dem Eisernen Kreuz erster Klasse und dem Orde Pour le Merit, habe die Zusicherung des Kommandanten, Hauptsturmführers Rahm, erhalten, das Ehrenwort eines Offiziers, daß wir, die Transporte aus den Niederlanden, in Theresienstadt bleiben durften, falls wir uns anständig verhielten.

Mitte Mai 1944, vier Monate nach diesen mit voller Überzeugung gesprochenen Worten, hatten wir in verschlossenen Viehwaggons, auf dem Weg zum Zielort Auschwitz-Birkenau, drei Tage und zwei Nächte lang Gelegenheit, über unsere Vertrauensseligkeit nachzudenken. Die Ankunft im Hades ist schon viele Male beschrieben worden, und die Flammen, die durch den Brandschutz meiner Erinnerung hindurchschlagen, versuche ich zu ersticken, indem ich sie verschlossen halte.

Erst Stunden später finde ich mich mit meinem Vater auf dem Platz hinter dem Krematorium III wieder, dessen Funktion ich damals weder kannte noch verstehen konnte: auf dem harten, schwarzen Boden sitzend oder stehend, von allem beraubt außer der zerlumpten, vom Transport verdreckten Kleidung, in der Menschenmenge nach Familienangehörigen suchend, nach Wasser lechzend, Vieh vor dem Schlachthaus. Die Zeit ist abhanden gekommen. In der Ferne Männer mit harten Gesichtern, in gestreiften Sträflingsanzügen und Baretten, die Gepäckstücke fortschleppen. SS-Leute mischen sich nicht unter uns, sind aber auf den Wachttürmen hinter schwarzglänzenden Maschinengewehren deutlich sichtbar.

Einer ruft etwas herunter, auf Niederländisch: »Seid ihr aus Holland?« Ein Strohhalm, ein Omen?

Im taufeuchten Halbdunkel der zu Ende gehenden Nacht werden wir von Häftlingen in gestreifter Kluft mit Spazierstöcken zusammengetrieben. Unter ihnen einige SS-Leute, wie Bauern, die das Vieh mit Hunden treiben. Im Halbdunkel erkenne ich meine Mutter und fühle wieder, daß ich lebe. In Fünferreihen laufen wir auf einem steinigen Weg, an beiden Seiten Betonpfähle mit Stacheldraht zwischen Isolatoren aus weißem Porzellan. Rechts mehrere Tore mit Aufschriften, unlesbar in der Dunkelheit. Dahinter steinerne Gebäude und endlose Reihen langer Baracken.

Beim vorletzten Tor schwenkt unsere Kolonne rechtsum. Ein langer Weg verliert sich im Dunkeln. Zu beiden Seiten zuerst zwei Häuser aus grobem Backstein, dahinter zahllose Stallgebäude, deren Türen sich auf die Lagerstraße öffnen. Ein heiser brüllender, gebeugter oder buckliger, breitschultriger Häftling in gestreiftem Anzug mit Armbinde und schwerem Spazierstock jagt uns fluchend und schimpfend in einen der Ställe. Ich sehe meinen Vater, kann ihn aber im Gedränge nicht erreichen. Über die ganze Länge der Baracke erstreckt sich eine gemauerte Trennwand, einen halben Meter breit und hoch, auf der die Gestreiften mit Spazierstöcken hin und her laufen, schreiend wie Tierbändiger, auf Köpfe, Rücken und die Eckpfosten der dreistöckigen Schlafpritschen dreinschlagend.

Dann ein Befehl, es wird totenstill. Ich stehe wie aus Stein, die Augen starr und unbeweglich. Ein Blockführer in Feldgrün mit Stock marschiert neben dem Blockältesten an uns vorbei, kontrolliert oder zählt. Etwas weiter höre ich dumpfe Schläge, bleibe aber ebenso stehen wie die Männer um mich herum. Nach einer Viertelstunde: »Weitermachen.« Die Versteinerung löst sich. Die Herde wird jetzt an Registriertischen vorbeigetrieben.

Auf den Tischen: Papier, Tinte, Federhalter. Aber wie anders und furchterregend ist hier die Handhabung des einfachen Schreibgeräts. Ein Gestreifter notiert die persönlichen Daten, nennt eine Nummer, ein zweiter packt meinen linken Arm und tätowiert darauf mit großer Geschwindigkeit einen Buchstaben und eine Nummer. A 1321 heiße ich von nun an. Bei einigen wird die Nummer wieder ungültig gestochen und durch eine andere ersetzt. Die administrativen Fähigkeiten unserer Tätowierer lassen sich an unseren Armen ablesen. Jeder Stich brennt sich in unser Hirn, denn wehe dem, der seinen neuen Namen nicht fehlerlos hersagt.

Wie unvorhergesehene Windstöße fallen Befehle und Schläge über uns her. Wir sind Staubteilchen, die unablässig von Ort zu Ort geblasen werden. Kein Winkel ist sicher, kein Schritt bleibt unbemerkt. Das Aufwischen des immer schlammigen Bodens mit alten Lappen, das Schleppen der übervollen Kübel im Laufschritt zur Latrine, der Essendienst mit glühend heißer, schwappender Wassersuppe, der Bettenbau mit den ausgefaserten Pferdedecken und undichten Papiermatratzen, das Waschen zu Hunderten an einem einzigen tropfenden Wasserhahn, das zermürbende Warten in kerzengeraden Reihen für hundert Gramm Brot und eine Kelle ungenießbare Suppe, die Läusekontrolle von Kleidung und Haaren, das Befestigen der Dreiecke und Nummern, das Wecken und Antreten in tiefster Nacht, das alles wird begleitet von Gebrüll und Stockschlägen, willkürlich und unberechenbar.

Tag reiht sich an Tag in endloser Stumpfheit und Resignation. Auch in der Arbeit gibt es weder Plan noch Ordnung. Zufällig beieinander stehende Menschen, vom Kapo oder Blockältesten angeschrien und in Laufschritt aufgejagt, schieben Sekunden später viel zu schwere Schubkarren, schaufeln Sand, putzen Latrinen und fegen die staubigen Lagerstraßen.

Nach dem Abendappell gehe ich mit meinem Vater zu den Frauenbaracken, um meine Mutter unter den unzähligen anderen

Müttern zu suchen. Oft vergeblich, dann endet der Tag in demselben Sumpf, aus dem er entstanden ist. Manchmal finden wir einander und wechseln fast verschämt ein paar tränenerstickte Worte. Was gibt es zu besprechen, das sie nicht schon weiß oder fürchtet?

In der Hölle gibt es keine Sprache, die auszudrücken vermag, was ich sehe, höre, rieche oder schmecke. Bedrohung und Angst haben meine Gefühle mit einem Kordon umgeben. Ich rieche den Verwesungsgestank und den fetten Rauch, aber ich begreife nichts. Ich sehe und höre die Züge, die stolpernden Menschenmassen auf ihrem Weg in die Flammen, die dumpfen Schläge, die nackten, kahlgeschorenen Frauen mit unbedeckter Scham, zu dritt unter einem grauen, von Regenwasser triefenden Fetzen gekrümmt, aber ich begreife nichts. Tag und Nacht registrieren meine Sinne, was jenseits des Stacheldrahtes, hinter den Wachttürmen an der Rampe und in den angrenzenden Lagerabteilungen geschieht, aber ich begreife nichts.

Wer sind sie, diese anderen? Wir haben die Haare und Kleider behalten, hungern ohne zu verhungern, unsere Kapos schlagen zwar, töten aber nur selten, wir können mit den Verwandten ein paar Worte wechseln. Einem Gerücht zufolge gibt es einen Kinderblock, wo Milch und Brot ausgeteilt wird. Uns geht es schlecht, sehr schlecht sogar, aber um uns herum geschieht Unfaßbares, Unbegreifliches, wo das Wort »schlecht« nichts mehr bedeutet. Fischer, der Lagerkapo, dieses Ungeheuer aus Muskelpaketen und Gebrüll, schwingt den Spazierstock in der Hand oder läßt ihn auf unseren Rücken tanzen, stößt Verwünschungen aus, prophezeit uns Gas und Schornstein, das Ende allen Leidens. Aber seine Worte sind nur Schall und prallen an unserem Überlebenswillen ab. B II B, das »Familienlager«, gleicht einem Reservat, in dem die Treibjagd verboten ist, wo aber das einzelne Wild ausgemerzt und abgeschossen werden darf.

Erst im Juli 1944 wurde mir klar, daß dieser Ausnahmezustand nur Schein und Trug war. Fallengelassene Worte, aufgeschnappt und weitergegeben, reihen sich zu Gerüchten: Selektion, Blocksperre, Schwarzhuber, Lagerauflösung, Mengele, Arbeitstransport. Am Anfang des Sommers sind alle Illusionen zerstoben. Sirenengeheul und Kapos jagen uns in die Baracken. Der Blockälteste und seine Helfer treiben uns, die Jungen unter sechzehn und die Männer über fünfundvierzig, im hintersten Teil des Raumes zusammen. Wir sind es nicht wert, selektiert zu werden.

Die Männer von sechzehn bis fünfundvierzig marschieren nackt an Mengele vorbei, den linken Arm vor die Brust gehoben. Ein paar Meter vor ihm ein Stock, über den sie springen müssen, Rekruten im Turnsaal. Die Zeichen, die er den Schreibern gibt, sind kaum wahrnehmbar. Der Blockführer schreit einen Mann an, der seine Nummer nicht deutlich zeigt. Zuweilen beugt sich Mengele von seinem Sitzplatz auf dem Tisch ein wenig vor, um einen Fuß, eine Hand, eine Narbe besser betrachten zu können. Die letzte Gruppe wird fast im Laufschritt an ihm vorbeigetrieben. Die Schreiber folgen dem Tempo mit sichtlicher Mühe. Der Blockälteste schickt das ausgemusterte Fallobst, die Schmächtigen, Verletzten, Abgemagerten, Hinkenden und Brillenträger mit einer kurzen Kopfbewegung in die Ecke der Wertlosen.

Ein Befehl friert unsere Haltung ein. Die SS-Leute verlassen den Block. Tumult wird durch Schläge erstickt. In der Stille fallen die Nummern, für die Nichtgenannten ein Todesurteil. Ich sehe meinen Vater nicht, höre aber seine Nummer. Er wird mich zurücklassen. Die Bilder, die in dieser Stunde des Erstarrens auf meine Netzhaut fallen, dringen kaum zum Gefühl durch. Eine Frage rast durch meinen Körper: Was geschieht mit meiner Mutter?

Die Blocksperre endet mit dem Schofarschrei* der Sirene. Satzfetzen über Mütter, Freunde, Verwandte stürzen wie Treibholz in einem Wasserfall auf uns herab. Auch andernorts im Familienlager ist selektiert worden. Die Frauenblocks sind hinter einem Kordon von Kapos und Helfern für uns unerreichbar.

Ein gesichtsloser Unbekannter ruft meinen Namen und gibt die Botschaft meiner Verdammnis durch: »Deine Mutter geht auf Transport, ihre Nummer ist aufgerufen worden.«

Die Tage nach der Selektion haben ihren Sinn verloren. Mein Ich ist erloschen, mein Schatten verschwunden. In der darauffolgenden Woche tue ich, was mir befohlen wird, zerre an Strohsäcken, putze Böden und Stufen, schleppe Kübel voll Unrat und versuche mich unbemerkt an die Transportblocks heranzuschleichen.

Ich treffe meinen Vater, sprachlos, erstarrt vor Angst und Resignation, fast ein Fremder.

Der 9. Juli bringt einen fahlblauen Himmel, eine unverschleierte Sonne und sandige Windböen. Der erste Sirenenstoß vor der Blocksperre durchbohrt meine Lethargie. Mein Vater ist rasch gefunden. Die Türen seiner Baracke stehen noch offen. Atemlos zwinge ich ihn, mitzukommen. Der Kordon um den Frauenblock wird schon gezogen, aber hinten am Drahtverhau ist er noch offen. Gebückt renne ich über die offenen Flächen zwischen den Blocks, an der Rückwand oder in den Türen Deckung suchend. Ich erwarte Schüsse, aber es fällt keiner. Vater bleibt hinter mir zurück, er scheut sich, das freie Feld zu überqueren. Dann stoße ich auf den Kordon. Ein Gestreifter hebt drohend den Spazierstock, überlegt es sich jedoch und gibt mir ein Zeichen, aus dem Blickfeld zu verschwinden.

Halb hinter der Stalltür versteckt sehe ich sie. Sie stehen in Fünferreihen, noch nicht ausgerichtet, Hunderte von Frauen,

* Schofar: Widderhorn.

wartend, schweigend, mit ausdruckslosen Gesichtern, in zerdrückten eigenen Kleidern, mit Tüchern um die Köpfe. Meine Augen rasen an den Reihen entlang, bis sie auf der graublau melierten, wollenen Strickjacke meiner Mutter haften bleiben, derselben Jacke, die ich auf einem anderen Planeten als neunjähriger Junge habe aussuchen helfen. Mein Blick schreit nach ihr und ihr Herz hört mich. Die Sekunden, in denen wir uns ansehen, mit Tränen, die wir nicht weinen dürfen, sind eine Ewigkeit.

Auf der Lagerstraße nähert sich SS. Die Frauen werden in Reih und Glied gebrüllt. Wir verlieren uns aus den Augen. Der Gestreifte gibt mir ein eindringliches Zeichen und droht mit dem Stock. Auch andere, die gleich uns versucht haben, einen Blick auf die Abreisenden zu erhaschen, flüchten in ihre Blocks zurück wie verletzte Tiere vor einem Waldbrand. Ich sehe das graue, tränenüberströmte Gesicht meines Vaters. Unser Abschied ist geteiltes Leid.

Die Stalltür meiner Baracke an der Seite des Drahtverhaus, durch die ich mich atemlos hineingezwängt habe, wird einen Augenblick später geschlossen. Drinnen hat sich einiges verändert. Es ist nicht mehr so voll, die Geräusche sind andere. Statt des Gebrülls Jammern, Weinen, Schluchzen, Flüstern und Gebete. Männer stehen zwischen den Betten und vor der Wand. Sie haben den Kopf bedeckt, nur wenige mit einem Käppchen, und wiegen sich mit geschlossenen Augen hin und her: Kaddisch.

Andere sitzen oder liegen auf den nicht mehr überfüllten Pritschen, den Kopf zwischen den Händen. Einer winselt wie ein Hund.

Ich versuche meine Tränen lautlos hinunterschlucken, bis der grauweiße Mann mit dem freundlich gerunzelten Gesicht mir den Kopf streichelt und zu mir spricht. Dann bricht auch bei mir der Damm.

Der Trost des Dr. Da Silva versöhnt mich nicht mit meiner Verlassenheit und dem nahenden Tod. Er trauert um seinen Sohn, der auf Transport geht wie meine Eltern, freut sich aber auch über die Überlebenschance für sein Kind. Ich habe ihrem Abschied zugesehen und empfinde Neid. Die Tränen sind bitter.

Die Lähmung fällt von mir ab und weicht der Unruhe. Gereizt winde ich mich durch die Gruppen der Betenden und Verzweifelten und sehe mich nach Altersgenossen um. Es ist, als suchten und fänden wir einander. Gesichter aus Westerbork, Theresienstadt: Jan S., Sieg F., Günther M. Wir haben keine Worte. Mit dem Tod finden wir uns nicht ab. Jan S. schlägt vor, mit dem Blockältesten zu sprechen, und verschwindet zwischen den Alten, die er »Muselmänner« nennt. Seine Entschlossenheit gibt uns Hoffnung, aber als er lange fortbleibt, erlischt sie wieder.

Ich sehe ihn zurückkommen, sein Gesicht ein einziges Fragezeichen. Noch ehe er bei uns steht, wird die Tür aufgerissen und vor dem grellen Tageslicht zeichnet sich die massige Gestalt des Blockführers ab. Bevor alle reglos strammstehen, ein Befehl wie ein Peitschenschlag: »Alle Jungs raus!« In diesem Augenblick weiß ich, daß ich leben werde.

Was draußen mit uns geschieht, entgeht mir teilweise. Der Umschwung kam so plötzlich. Um mich Dutzende von Altersgenossen, viele kleiner als ich, manche von meiner Größe; die meisten magere Stubenhocker, nur wenige haben Muskeln von früheren Arbeiten im Freien.

Wie muß man aussehen, um nicht aus der Reihe geschickt zu werden? Ich spanne die Muskeln an, atme tief ein, drücke den Brustkorb heraus und renne an Buntrock und Schwarzhuber vorbei. Beinahe wäre ich gestolpert, bekomme eine unverständliche Bemerkung an den Kopf geworfen, darf mich aber zu den Jungen in die Reihe stellen.

Angst und Unsicherheit können wir nicht teilen. Die Worte bleiben in der Kehle hängen, die Augen stehen starr in den Höhlen. Wir warten auf etwas oder jemanden, auf irgendeine

Änderung, hundert Jungen in Fünferreihen. Auf einem Fahrrad erscheint Mengele auf dem Appellplatz. Was er und Schwarzhuber miteinander reden, verstehe ich nicht, doch unversehens steht er vor uns, mustert uns wie ein Bauer das Vieh. Stellt Fragen an Große und Kleine, die wie gedrillte Soldaten springend Haltung annehmen. Nach jeder Ausmusterung stehe ich strammer, die Fäuste an den Schenkeln, den Kopf wie aus Granit. Er geht an mir vorbei und läßt mich unbehelligt.

In Fünferreihen marschieren wir auf der Lagerstraße zwischen den Viehtreibern mit ihren Stöcken, Rekruten ohne Ausbildung, die wissen, daß jeder falsche Schritt das Leben kosten kann. Neben dem Feuerlöschteich in Sichtweite des Zaunes wird Halt befohlen. Buntrock, der Blockführer, geht an den Reihen entlang und zählt. Am Ende der Kolonne, vor einem kleinen Jungen mit nichtjüdischem Gesicht bleibt er stehen und schimpft. Einen Augenblick lang sieht es aus, als wolle er ihn schlagen und zurückschicken. Da geschieht das Unerhörte: Der Junge sagt etwas, bittet, der SS-Mann gibt ihm zum Schein einen Tritt und ruft zu ihm und der ganzen Kolonne: »Abhauen!« Otto bleibt bei uns, ein günstiges Vorzeichen?

Beim Durchgang durch den Zaun werden wir nochmals gezählt. Bei jeder passierenden Fünferreihe geht der Spazierstock auf und nieder. Und dann marschieren wir der Sonne entgegen, vor der sich die Umrisse der Krematorien scharf gegen den fahlblauen Himmel abheben.

Rechts und links elektrische Stacheldrähte wie Hilfslinien in einer perspektivischen Zeichnung, deutlicher sichtbar als im Halbdunkel vor zwei Monaten, als ich in dieser Hölle landete.

Jetzt, auf dem Weg ins Unbekannte, fühle ich mich hundert Jahre älter. Aufkommende Panik bohrt sich in meinen Fatalismus. Gehen wir wirklich in das Männerlager B II D oder marschieren wir ins Gas?

Als wir am Tor des B II D vorbeimarschieren, schwindet die Hoffnung. Angst versteift unsere Gelenke. Ein Gestreifter neben der Kolonne bemerkt den Wechsel in unserem Marschrhythmus und sagt ohne den Kopf umzudrehen: »Ihr geht doch in die Sauna«.

Wir biegen links ab und stehen bald darauf in einem dunstigen Raum voller Kleiderhaken.

Grobschlächtige Gestreifte mit kahlgeschorenen, glänzenden Schädeln nehmen uns in Empfang. Unter Drohungen und Flüchen, manchmal mit einem Stockschlag, ziehen wir uns aus. Ich versuche, meine Schuhe an einen Ort zu stellen, an dem ich sie wiederfinde, und binde die Schnürsenkel zusammen. Grob schabt das Rasiermesser über meinen Unterleib. Das Schamhaar fällt, bei einigen Jungen auch das Kopfhaar. Eine Laus, dein Tod, lese ich auf einer Tafel an der Wand. Unsere Scham erstirbt. Sogar der Befehl: »Bücken und Arsch hoch« kann uns nichts anhaben. Nur die Angst vor Schmerzen bleibt.

Wir stehen unter den fest installierten Duschen und müssen uns von den Badekapos derbe Witze über das Gas oder unseren Körperbau anhören, zeigen uns aber äußerlich unbeteiligt. Mit eiskaltem oder glühendheißem Wasser ziehen die Kapos ihr Vergnügen noch etwas in die Länge.

Plötzlich scheint das Einweihungszeremoniell beendet. Die graublau gestreiften Anzüge und Barette, die uns die Kleiderkapos zuwerfen, geben mir ein sonderbares Gefühl der Sicherheit. Wir tauschen die Kleider untereinander und sehen plötzlich wie richtige Häftlinge aus.

Die untergehende Sonne im Rücken, vor uns endlose Reihen von Baracken, Wachttürmen und Betonpfählen mit Isolatoren und Stacheldraht, marschieren wir zum Männerlager B II D.

Das Abzählritual wiederholt sich. Behutsam lasse ich die Augen schweifen, um nicht den Blick der SS-Leute und Kapos zu kreuzen. Eine Ahnung der neuen Situation überkommt mich, als ich in die Gesichter der älteren, besser gekleideten und gestiefelten Häftlinge schaue: Nur als Wolf unter Wölfen kann man hier überleben.

Mechanisch, von Angst und Müdigkeit benommen, gehe ich in der Kolonne zu unserer neuen Unterkunft. Durch ein Tor in einer Mauer, die mehrere Blocks umschließt, gelangen wir auf den Innenhof zwischen zwei Baracken. Ein Appellplatz, links davon ein Waschraum, davor ein Holzgestell, der Bock, ein fürchterliches Werkzeug des Strafvollzugs, auf der rechten Seite Block 13, die Unterkunft der Strafkompanie.

Mit abgehackten Befehlen jagt uns ein schwergewichtiger Häftling durch die Seitentür. In den Sekunden, bevor uns der Eingang verschluckt, schaue ich mich um. Dort drüben unterhalten sich muskulöse, braungebrannte Häftlinge mit nackten Oberkörpern, tätowiert mit Panzern, Geschützen, Fahnen, Vögeln, und mit glänzenden, geschorenen Schädeln; manche haben Kopf und Gesicht voller Schaum und rasieren sich gegenseitig, andere scharen sich im Kreis um ein unsichtbares Spiel: Russen. Ein paar äugen verstohlen zu uns herüber ohne Anzeichen von Interesse: Alte Affen auf einem Affenfelsen. In der Baracke wartet der Stubendienst auf uns, weniger feindselig als ich befürchtet habe. Der Saal, die Kojen, die aus Backsteinen gemauerte halbhohe Trennwand, auf der nur Prominente laufen dürfen: Alles genauso wie im Familienlager. Nur ein einziger, hervorstechender Unterschied: Sauberkeit und Ordnung. Keine kranken oder sterbenden Häftlinge, saubere Strohsäcke, in denen sogar Stroh ist, exakt gefaltete Decken in geraden Reihen.

Wir bekommen Schlafplätze zugewiesen, versuchen Bekannte aus der Heimat als Schlafgenossen zu finden und werden angeschrien, wenn es uns nicht rasch genug gelingt.

Die Saaltür fliegt auf. Ein gedrungener, breitschultriger Häftling mit nach hinten gekämmtem Haar, in gebügelter Streifenkluft und mit Spazierstock, ein Rotwinkel, stampft herein: Emil Bednarek, der Blockälteste, begleitet von Gehilfen. Wir stehen stramm vor den Betten und rühren uns nicht. Mit großen Schritten läuft er auf der Trennwand. Bleibt stehen, mustert uns, schreit irgendwas. In völliger Stille hält er seinen Vortrag über Ordnung und Sauberkeit, Sauberkeit und Ordnung, Fleiß und Ehrlichkeit und über die schweren Strafen bei Zuwiderhandlungen.

Nachts schenkt mir bleierner Schlaf Vergessen, bis das Pfeifsignal und dumpfe Stockschläge gegen die Bettgestelle mich morgens um vier Uhr in das düstere Elend zurückstoßen.

Nachdem die Kesselträger mit der bitteren heißen Flüssigkeit hereingekommen sind und wir zu dritt einen Napf des Frühstücks durch unsere ausgedörrten Kehlen gespült haben, höre ich draußen die Appellpfeife: »Antreten, raus!« Zu unserem Erstaunen werden wir nicht hinausgejagt, sondern müssen vor den Kojen antreten. Der Stubendienst brüllt und zählt. Ein Rapportführer kontrolliert uns flüchtig, zählt murmelnd nach und verschwindet so plötzlich, wie er gekommen ist. Ich schnappe das Wort »Quarantäne« auf und verstehe nicht: Wer von uns ist krank?

Ein paar ältere Häftlinge kommen herein und kommandieren uns zu den Betten. Der Unterricht in Bettenbau, Schrubben und Fegen, Haltung und Grüßen, Anredeformen und Melden erschöpft sich in endlosen Wiederholungen, begleitet vom Geschrei und den zynischen Schimpfwörtern der Lehrmeister. Sie sind hart und grob, aber nicht ganz ohne Mitgefühl. Sie erkundigen sich nach unserer Herkunft, manchmal auch nach dem Namen, wehren aber Gegenfragen barsch ab. Eine Mauer verbissener Stille.

Nach dem Abendappell, der fast unbemerkt an uns vorbeigeht, treffe ich einen von ihnen bei der Brotausgabe. Das Wort Familienlager fällt wie ein schwelender Funke. Unausgesprochene und unaussprechbare Fragen schießen mir durch den Kopf, und an den starrenden Augen meiner Kameraden erkenne ich, daß sie derselbe Gedanke quält.

Keine zwei Stunden später liege ich auf dem Rücken auf dem Strohsack, horche in die Nacht. Ich spüre, daß um mich herum andere Augenpaare die Schwärze zu durchbohren versuchen und höre, wie das Rumpeln und Quietschen von Lastwagen die Schlafgeräusche übertönt. Ein einzelner dumpfer Schuß, wie ein im Nebel abgebranntes Feuerwerk. An den Oberlichtern der Baracke entlang gleitet der unstete Widerschein von orangegelben Flammen.

Als um vier Uhr der Tag beginnt, ist es draußen Nacht. Der Himmel ist schwarz. Sprachlos, wie unsere eigene Schatten, taumeln wir durch die nächsten vierundzwanzig Stunden. Die älteren Häftlinge verschonen uns mit Worten. Die zweite Nacht gleicht der ersten, nur die Helligkeit ist schärfer, greller.

Nach dem Appell wird unsere Quarantäne aufgehoben. Von den siebentausend in Birkenau B II B zurückgebliebenen Häftlingen ist nur noch Rauch und Asche übrig. Ihre Sonderbehandlung ist abgeschlossen, das Familienlager ist aufgelöst.

Rückblick

Der dänische König Christian X. ist als ein Mann von hoher moralischer Integrität in die zeitgenössische Geschichte eingegangen. Seine Drohung, er werde selber als erster Däne den gelben Judenstern anlegen, falls die Deutschen die dänischen Juden zum Tragen des Sternes zwingen sollten, hat die Besatzungsmacht davon abgehalten, ihre Maßnahmen durchzusetzen. Seine charaktervolle Haltung im Juni 1942 war kein Einzelfall, sondern kennzeichnete die Einstellung nahezu des ganzen Regierungsapparates und der dänischen Bevölkerung gegenüber dem nationalsozialistischen Deutschland.

Dieses Verhalten paßte keineswegs in das Denkschema der obersten Nationalsozialisten in Berlin. Immerhin hätten die »Arier schlechthin«, als welche sie die Dänen ansahen, die Nürnberger Gesetze und die Deportation der Juden mit Selbstverständlichkeit gutheißen sollen. Nichts erwies sich als weniger zutreffend.

Das Reichssicherheitshauptamt (RSHA) und von Ribbentrop gaben dem deutschen Reichsbevollmächtigten in Dänemark, Dr. Karl Werner Best, zu verstehen, er müsse die Dänen zur Mitwirkung an der »Endlösung der Judenfrage« bewegen. Best sah jedoch große Schwierigkeiten voraus und fürchtete Streiks und Sabotageakte, die vor allem die enormen Lebensmittellieferungen an Deutschland gefährden könnten. Im August 1943 forderte Hitler Best in einem persönlichen Gespräch auf, er müsse die Vorbereitungen zur Deportation durchsetzen.

Am 29. August wird das dänische Heer durch Wehrmachtgeneral Hermann von Hannecken aufgelöst und interniert. Die Regierung Scavenius tritt zurück und überläßt die Regierungsgeschäfte den Behörden. Doch auch die Beamten erweisen sich als Menschen mit Rückgrat. Best bereitet die Pläne vor, und als Hitler am 18. September 1943 die Deportation der dänischen Juden beschließt, ist die Aktion vorbereitet. Der deutsche Marineattaché Georg Ferdinand Duckwitz, der dem Nationalsozialismus gegenüber immun geblieben ist, gibt den Plan am 28. September Hans Hedtoft, dem späteren dänischen Premierminister, bekannt.

Und nun beginnt im Untergrund eine Blitzaktion von Widerstand und Hilfeleistung, die in Europa ihresgleichen nicht kennt. Der Hauptkommissar der Polizei in Kopenhagen benutzt unbefugt den Rundfunk, um die Bevölkerung zu warnen. Die Polizei verweigert den Deutschen jede Art von Mitwirkung, und innerhalb von zwei Tagen haben sechstausend Juden in Kopenhagen und Umgebung eine Adresse zum Untertauchen gefunden.

Als der Morgen des 2. Oktober 1943 anbricht, hat die »Grüne Polizei« nur 477 Opfer, überwiegend ältere Menschen, verhaftet.

Auch Schweden ist in die Rettungsaktion einbezogen, vermutlich durch Vermittlung von König Christian. Der schwedische Gesandte in Dänemark, Gustav von Dardel, verspricht allen Juden, denen die Überfahrt gelingt, Asyl, und gibt dadurch grünes Licht für Hunderte von nächtlichen Rettungsfahrten, die mit Fischerbooten den ganzen Oktober hindurch fortgesetzt werden. Alle Schichten der dänischen Bevölkerung leisten Beistand in jeder erdenklichen Form, wobei die dänische Polizei für die Sicherheit der Juden und ihrer Helfer sorgt. Ende Oktober 1943 sind 5919 Juden, 1301 Halbjuden und 686 nichtjüdische Ehepartner ihren Verfolgern entkommen.

Der Empfang der dänischen Häftlinge in Theresienstadt Anfang Oktober kommt einer Farce gleich. Dr. Paul Eppstein, der Judenälteste, empfängt sie im Auftrag des SS-Kommandanten Anton Burger mit aller Freundlichkeit, und erwartet sie mit einer reichhaltigen Mahlzeit an gedeckten Tischen. Burger, sein Assistent Haindl und weitere SS-Leute treten als charmante Gastgeber auf, und als die Neuankömmlinge einigermaßen beruhigt, manche sogar rauchend, am Tisch sitzen, entfernen sie sich diskret, nachdem Postkarten verteilt worden sind mit der Bitte, den Freunden in Dänemark von der guten Ankunft und den angenehmen Erfahrungen zu berichten. Nach dem Einsammeln der Karten ändert sich schlagartig das Bild: Geld und Wertgegenstände müssen unter Androhung von Leib- und Bunkerstrafe abgegeben, Judensterne aufgenäht werden und gleich darauf beginnt die Einquartierung.

In den folgenden Monaten zeigt sich, daß den dänischen Juden eine deutliche Vorrangstellung im Lager eingeräumt wird. Aus ihren überstürzt verlassenen, von den dänischen Behörden geschützten Wohnungen wird ihnen Kleidung nachgeschickt, ihre Unterkünfte heben sich vorteilhaft von denen der anderen Häftlinge ab, und die großzügigen Lebensmittelpakete, die das Dänische und Schwedische Rote Kreuz an alle Deportierten aus Dänemark, sogar an die staatenlosen, verschickt, werden ihnen in bemerkswert wenig geplündertem Zustand ausgehändigt. Für gewöhnliche Sterbliche muß diese Bevorzugung unbegreiflich gewesen sein; ein Marionettentheater mit unergründlichen Drahtziehern in Berlin.

Unmittelbar nach der Razzia am 1. Oktober 1943 interveniert Christian X., obwohl unter Hausarrest, gemeinsam mit dänischen Diplomaten, hohen kirchlichen Würdenträgern und anderen einflußreichen Dänen bei den deutschen Behörden in Kopenhagen und Berlin, um einen Besuch des Dänischen Roten Kreuzes in Theresienstadt durchzusetzen.

Für Eichmann und seine Kollegen muß der Antrag auf Besichtigung der von ihnen geschaffenen Vorhallen des Todes peinlich gewesen sein, um so mehr, als das Ansuchen aus dem Land von Korn und Butter kommt. Theresienstadt, Durchgangsstation und Sterbehaus für die Juden Westeuropas, wegen Überfüllung, Verschmutzung und Elend nicht vorzeigbar, muß erst saniert werden, bevor Berlin fremde Augen zuläßt.

Dr. Rudolf Mildner, 1943 Leiter der Sicherheitspolizei und des SD in Dänemark, kennt die dänische Charakterfestigkeit und überredet Gestapochef Herbert Müller im April 1944, eine Kommission des Internationalen Roten Kreuzes einzuladen. Das Deutsche Rote Kreuz (DRK), unter der Leitung von Generalhauptführer Hartmann, hatte schon zuvor auf Ansuchen des Internationalen Roten Kreuzes in Genf (IRK) das »Vorzugslager« Theresienstadt besucht, aber erst das Insistieren der Dänen machte den Weg frei für einen Abgeordneten des IRK aus Genf.

In Erwartung des 23. Juni 1944, dem großen Tag, an dem die Rote Kreuz-Kommission eintreffen soll, wird die Premiere der tödlichen Komödie vorbereitet: Der Revisor im Potemkinschen Dorf. Um die Absurdität der »Verschönerungsaktion« von Theresienstadt zu beschreiben, bedarf es der Feder eines Gogol. Für den Zynismus der Organisatoren fehlen die Worte.

H. G. Adler und Z. Lederer berichten von dem Putzen, Malen, Zimmern an Fassaden und Musterwohnungen entlang der genau ausgetüftelten Route, die die Kommission nehmen soll, von der Einrichtung von Cafés und Freizeiträumen, von der Zwangsaussiedlung von Kranken und Unvorzeigbaren, vom Einstudieren der verpflichteten Antworten, kurzum, von den unzähligen Maßnahmen, die eine solche Massenregie des Großen Betrugs erfordert. Die inhaftierten Darsteller, Tod und Verderbnis vor Augen, bauen fieberhaft ihre eigenen Kulissen unter den allsehenden Augen der SS. Doch auch die schönsten Kulissen können nicht vertuschen, daß jedes Zimmer, jeder Schlafsaal, jede Kaserne ein mit Menschen vollgepferchtes Lagerhaus ist.

Die Verschönerungsaktion im Vorzugslager Theresienstadt, seit seiner Errichtung Ende 1941 dazu bestimmt, dem Ausland Sand in die Augen zu streuen, nimmt ihren grauenvollen Anfang: mit der Ausdünnung der Ghettoinsassen. Das Transportproletariat merkt Anfang Mai 1944 wenig von den Verschönerungsaktionen.

In der ehemaligen Reithalle ist eine Schreinerei, wo ich an einer alten Drehbank täglich Dutzende von Holzsohlen schneide. Jetzt stellen dort Handwerker unter Hochdruck Stühle, Tische und andere Einrichtungsgegenstände her für die Möblierung des Potemkinschen Dorfes. Fieberhafte Geschäftigkeit auch in der Administration des Ältestenrates. Dort läuft Hauptsturmführer Karl Rahm, seit kurzem Nachfolger von Burger, ein und aus, schimpft und flucht über Dr. Eppstein und Ingenieur Otto Zucker, die seiner Meinung nach die Transportlisten nicht rasch genug zusammenstellen, in denen über fünftausendsiebenhundert Namen aufgelistet sein müssen. Am 15. Mai 1944 liegen sie vor: 2543 tschechische, 3125 deutsche, 1276 österreichische und 559 niederländische Juden wirken durch ihre Deportation nach Auschwitz mit an der »Verschönerung« des Gettos. Der Führer schenkt nicht allen Juden eine Stadt ... ganz gewiß nicht den zwölfhundert nicht vorzeigbaren Tbc-Patienten, die gleichfalls auf den Transportlisten stehen.

Bis 1964, dem Jahr des Auschwitzprozesses in Frankfurt, hing geheimnisvoller Nebel über den Ereignissen im Familienlager B II B in Auschwitz-Birkenau. Bis auf wenige Ausnahmen hatte die kleine Gruppe der Überlebenden das grauenhafte Geschehen in den Abgründen der Seele begraben und hielt die Zunge im Zaum.

Wir, die aus Theresienstadt Ausgestoßenen, begriffen in Auschwitz nicht, warum unsere Mithäftlinge in den angrenzenden Lagerabteilungen zerfetzte Lagerkleidung trugen, kahlgeschoren waren und vor unseren Augen niedergeknallt oder totgeknüppelt wurden. Durch die Drahtverhaue sahen wir eine Hölle, die noch schwärzer war als unser Vorhof. Doch auch die älteren Häftlinge im Hauptlager Auschwitz I sowie die mächtigen Blockältesten und Kapos in Birkenau wunderten sich nicht wenig über die Ausnahmesituation des »Familienlagers«. Immerhin war allgemein bekannt, daß jeder Transport nach der Ankunft und der Selektion auf der Rampe entweder ganz oder zum größten Teil in Flammen aufging, wogegen die Tausende, die im März und Juli 1944 auf Lastwagen aus dem Familienlager verschleppt wurden, erst nach unbegreiflichen Umwegen in die Gaskammern gelangten.

Einer der Hauptzeugen im Auschwitz-Prozeß, Dr. Otto Dov Kulka, Dozent am Institut für moderne jüdische Geschichte der Universität Jesusalem, der kleine mutige Otto meiner Geschichte, suchte in verschiedenen europäischen Archiven nach einer Erklärung des Rätsels »Familienlager Birkenau« und fand sie in der Korrespondenz des Reichssicherheitshauptamtes (RSHA) mit dem Deutschen Roten Kreuz, in den Notizen Eichmanns und im Briefwechsel zwischen dem IRK und DRK.

Die Gerüchte über die Massenvernichtungen im Osten drangen 1943 allmählich in die Welt durch. Das IRK in Genf übte Druck auf das DRK aus, um eine Genehmigung für den Besuch der Lager zu erhalten. SS-Oberführer Max Niehaus, Leiter der Auslandsabteilung des DRK und ein Freund Eichmanns, drängte das RSHA, ein »Musterlager« in Auschwitz zu errichten, um vor dem DRK, notfalls auch vor dem IRK, die grauenhafte Wirklichkeit zu tarnen. Durch die Transporte aus Theresienstadt, dem echten Musterlager, die in September und Dezember 1943 in Birkenau eingetroffen waren, war das Familienlager überfüllt. Die Insassen wurden am 6. März 1944 zum größten Teil vernichtet, um Platz zu schaffen für die Maitransporte aus Theresienstadt, das sich im Verschönerungsrausch befand.

Keiner von uns ahnte etwas. Die vor uns Angekommenen hatten ja Postkarten geschickt mit der Nachricht, es gehe ihnen gut. Nur daß diese Karten das Datum des 25. März trugen und die Absender schon vor drei Wochen in Rauch aufgegangen waren.

Das RSHA, insbesondere Eichmann und Günther, gaben dem Drängen des DRK nach, das IRK in Theresienstadt zu empfangen. Mildner hatte unterdessen auch Gestapo-Chef Müller überzeugt. Eine Absage an Dänemark, Schweden und die Schweiz hätte Mißtrauen erweckt und die internationalen Risiken vergrößert. Die Verschönerung von Theresienstadt konnte beginnen und fünftausendsiebenhundert Menschen verschwanden im Mai 1944 hinter der zweiten Kulisse: im Familienlager.

Am 23. Juni 1944 erschien die IRK-Kommission vor den Toren des Potemkinschen Dorfes Theresienstadt. Dr. Rossel vom IRK in Genf, Frants Hvass, Chef der politischen Abteilung des Außenministeriums in Kopenhagen, Dr. Juel Henningsen, Arzt und Bevollmächtigter des Dänischen Roten Kreuzes in Kopenhagen, ein Arzt des DRK und neun hohe SS-Offiziere machten den vorgesehenen Rundgang und sprachen mit eingeschüchterten Marionetten. Hvass und Henningsen mißtrauten der Komödie, die die SS vor ihren Augen aufführte, Dr. Rossel jedoch ließ sich übertölpeln. Angesichts des naiven Rapports, den er wenige Tage später ablieferte, erschien das Drängen des IRK auf weitere Untersuchungen überflüssig. Eichmann atmete auf. Auschwitz-Birkenau blieb verschont von fremden Augen. Die zweite Kulisse wurde nicht gebraucht und konnte beseitigt werden. In den Nächten des 10. und 11. Juli 1944 wurde sie verbrannt.

Die bunten Fassaden mit Giebeln aus dem achtzehnten Jahrhundert, die frisch gepflasterten Straßen, das Café, das Kinderheim, der Musikpavillon, die Schaufenster nichtexistierender Geschäfte, kurzum, die ganze Kulisse, die den naiven Dr. Rossel aus dem properen Genf in Theresienstadt so angenehm überrascht hatte, erschien der Leitung der SS in Berlin und Prag zu verlockend, um sie nicht für weitere Propagandazwecke auszubeuten.

Ein Film mußte es sein, der das In- und Ausland von der humanen Behandlung überzeugen sollte, die der Führer den Juden angedeihen ließ.

Und der Film kam. Tausende von inhaftierten Statisten, die wußten, daß sie um ihr Leben spielten, wurden rekrutiert. Kurt Gerron, berühmter UFA-Star und Kabarettist der zwanziger Jahre in Berlin, führte Regie, als hinge sein Leben davon ab. Der Graphiker und Zeichner Joe Spier, bekannt wegen seines allzu nachgiebigen Charakters, entwarf die Szenen, und František Zelenka, Prager Bühnenarchitekt, leitete die Inszenierung, unterstützt von Dutzenden pseudofreiwilligen und gefährdeten fachkundigen Mitarbeitern.

Wie Filmproduzenten aus Hollywood stellten sich ein- bis zweimal wöchentlich hohe SS-Offiziere aus Prag ein, darunter Sturmbannführer Hans Günther, sein Bruder Rolf Günther, Eichmanns Stellvertreter, und viele andere, um ihre Produzentenrolle am »Drehort« zu genießen.

Während der Aufnahmewochen zwischen dem 16. August und dem 11. September 1944 verwandelte sich Theresienstadt in ein groteskes Filmstudio. Die Befehle erteilten Zuschauer in schwarzen Uniformen und hohen Mützen, auf denen das Totenkopfabzeichen die Filmemacher und Schauspieler mahnte: Memento mori! Sie glaubten sich sicher und unersetzlich: als bevorzugte Künstler. Zwei Wochen lang nährten die schwarz uniformierten Illusionisten der Barmherzigkeit ihren Wahn durch Geschenke und Gunstbeweise. In den Wochen zwischen dem 28. September und dem 28. Oktober 1944 fuhren 17 520 Filmemacher, Schauspieler und Statisten zur Endstation Auschwitz. Nur 1496 von ihnen überlebten. Kurt Gerron war nicht unter ihnen. Für seine geleisteten Dienste erhielt er unmittelbar nach der Ankunft eine Sonderbehandlung.

Fast vierzig Jahre nach dieser zynischen Komödie zogen die Filmbilder an mir vorbei, ich erkannte die Gesichter und Gebäude, die mich jedoch durch ihre Unvollständigkeit befremdeten. Die langen Reihen der Hungrigen, Bettelnden und Kranken, die verschmutzten und überfüllten Schlafsäle, die mit Pappschachteln überladenen Leichenkarren, von alten, gekrümmten Männern gezogen, die Gendarmen und SS-Leute, vor allem aber die Viehwaggons für den Transport in den Osten fehlten vollständig.

Der Film kam nie in Umlauf. Alle Kopien sind vernichtet worden. Nur ein Viertel der auf Zelluloid gebannten Lügen blieb dank einem redlichen Kameramann in Prag erhalten.

You can't fool all the people all the time.

Befreiungen

Wie an einer Schnur windet sich die Reihe der Männer in gestreifter Lagerkleidung über den Hang der graugrünen Hügellandschaft und verliert sich am anderen Ende in dunstigen Wäldern. Auf meiner Seite endet die Schlange der mit Lumpen behängten Gerippe kurz vor der Schmalspur mit den dreieckigen Kipploren. Die unregelmäßig aufeinanderfolgenden Explosionen in der Kiesgrube bringen unsere Trommelfelle und leere Mägen zum Schwingen, doch heute hallen sie aus sicherer Entfernung.

Anders als gestern und die Wochen zuvor. Dem Hagel der Felsbrocken wehrlos ausgesetzt, warteten wir vor der mit Sprenglöchern durchbohrten Klagemauer und beteten wortlos um Schutz. Die Braunhemden der Organisation Todt und die graugrünen Bewacher brachten sich vor jeder Sprengung in Sicherheit. Wir konnten nur auf den Zufall und auf die Vorsehung hoffen, eine Hoffnung, die mehrmals täglich zunichte gemacht wurde durch zerschmetterte Kameraden, deren Leiden damit ein Ende genommen hatte.

An diesem Morgen stelle ich mich bei irgendeinem beliebigen anderen Kommando auf, werde aus der Reihe gedrückt, halte aber hartnäckig aus, da ich weiß, daß ich mit meinem verletzten Fuß keinen Tag länger im Steinbruch überleben kann. Die Kapos brüllen im kalten Halbdunkel, rücken die Reihen zurecht und zählen. Sie zerren und treten die Männer wie Gliederpuppen von Kommando zu Kommando bis die Zahlen stimmen. Ich stehe noch auf meinem Platz.

Der Marsch über den steinigen Weg, stolpernd, schlurfend, auf den Steinen unter den Holzsohlen rutschend. Erstickte Flüche und unterdrückte Schmerzensschreie beim Verlust oder Bruch eines Holzschuhs. Wachen mit dem Gewehr auf der Schulter dösen in der Morgendämmerung. Taunaß warten die verbeulten, nach Rost und Schmierfett stinkenden Kipploren auf uns. Gruppenweise umringen wir sie, schieben und ziehen die Wagen, bis sie nicht mehr zu halten sind, springen auf die Kante auf und lassen uns tragen. Zuweilen mißlingt ein Sprung, rutscht ein Schlappen vom Fuß, wird ein Knöchel gequetscht. Bleibt einer meterweit zurück und rennt wie ein verzweifelter Reisender dem letzten Zug hinterher, um den Wachen nicht in die Hände zu fallen.

Wir bremsen, versuchen ihn auf die Kante hochzuziehen und lassen die Sturzflut der Flüche von den Kapos und Wachen über uns ergehen. Sie stehen wie Feldherren auf ihren Streitwagen, treiben uns an und demütigen die Ungeschickten.

Im spärlichen Licht der hinter dem Waldrand verborgenen Sonne stellen wir uns ein paar Schritte weit voneinander auf und bilden eine lebende Kette vom Steinbruch bis zum Schmalspurgleis. Felsblöcke, die unsere Rücken wie nasses Schilf beugen, werden von Mann zu Mann gereicht und fallen dröhnend in die eisernen Behälter. Unsere Schatten schrumpfen wie die schmelzenden Kerzen unserer abnehmenden Kräfte. Jedesmal, wenn ein Glied aus der Kette fällt, wird die Last schwerer. Die Gestürzten bleiben liegen, wo sie hingefallen sind. Keiner hat die Zeit oder Kraft, sie aus dem Weg zu ziehen. Sie verringern unsere Chance, das Mitgefühl verdorrt.

In der Mittagspause zerren wir sie an den Gliedmaßen zum Schmalspurgleis. Meine Beine zittern, mein Brustkorb ist hohl, mein Kopf leicht. Alles ist ein Traum. Der Hunger hat seinen Griff gelockert. Schleppe ich oder werde ich geschleppt? Als die Wachen die neidisch begehrten Krümel von den feldgrauen Uniformen klopfen, bilden wir unsere nun gelichtete Menschenkette. Die Anzahl der Schritte bis zum Stein, den ich aus den Armen meines Nachbarn hochstemmen muß, hat sich verdoppelt. Er schwankt wie eine erloschene Laterne im Sturm, läßt einen Felsbrocken aus den Händen fallen. Stimmen um mich herum, erst fern, dann nah. Deutsche und polnische Flüche. Dumpfe Trommelwirbel von Stockschlägen auf unseren Rücken, Wimmern aus unseren Mündern. In einem rosafarbenen Nebel versuche ich, den Stein vom Boden aufzuheben, aber meine Finger rutschen an den sandig-rauhen Seitenflächen ab. Der Stein wächst, ist wie verwurzelt in der Erde.

Die Stimmen verklingen, barmherzige Stille. Wie durch helles Wasser sehe ich die hügelige Landschaft, den Bach, der sich am Horizont im blaugrünen Wald verliert. Mein Sturz tut nicht weh. Grashalme streicheln meine Wange. Über mir dieselbe Landschaft, aber nicht durch Tränen verzerrt. Mit großen, anmutigen Sprüngen sehe ich mich über Felder und Hügel den Jägern entkommen. Mein doppeltes Hirschgeweih zeichnet sich stolz vor dem Himmel ab, als ich fast fliegend das andere Bachufer erreiche. Kleiner und kleiner wird meine Silhouette, bis sie sich in der Umarmung der fernen Wälder verliert. Ein Gefühl der Freiheit, als das Dunkel mich umfängt.

Nach Stunden und Tagen der Bewußtlosigkeit begegnen meine Augen dem Blick des Mannes, der regungslos neben mir auf dem verschmutzten Stroh liegt. Er starrt mich ausdruckslos an. Fiebrig glühen seine Augen in den Höhlen, die Haut ringsherum ist durchscheinend von Hungerödemen. Die keuchenden Laute aus dem Mund, der sich nicht mehr schließt, verstehe ich nicht. Seine fleischlose Hand sucht tastend im Stroh, findet den verbeulten Napf, aber es fehlt die Kraft, ihn festzuhalten. Das dumpfe Metallgeräusch eines Essenkübels, das Plätschern einer wässerigen Flüssigkeit und der fade Geruch der »Suppe« verjagen meine Apathie. Ich verstehe seine suchende Geste, ergreife den Napf und halte ihn zwischen den überstehenden Bettplanken hinaus, die uns den Blicken der Küchenkapos entziehen. Zitternd vor Schwäche und Angst, die Flüssigkeit zu verschütten, schlürfe ich meinen Teil der Suppe. Der sterbende Kamerad versucht sich aufzurichten, fällt aber zurück und wendet das Gesicht ab. Mir fehlt die Kraft, ihn zu stützen, und der Mann an seiner linken Seite starrt schon längst ins Nichts.

Ohne Gewissensbisse schlürfe ich weiter. Als später eine Hand, zu der das Gesicht fehlt, eine Brotschnitte reicht, nehme ich auch die seine, denn er ist schon dort, wo Nahrung keine Rolle mehr spielt. Im Tode rettet er mir das Leben. Zwei-, dreimal spiele ich dieses Spiel der Auferstehung, doch als nur noch wenige Kameraden auf den untersten Pritschen am Leben sind, fliehe ich aus dem Totenreich und ziehe mit letzter Kraftanspannung meinen mit Läusen und Schorf bedeckten Körper in die obere Koje.

Gerüchte durchziehen raunend die Nacht wie Fieberträume, begleitet von den röchelnden Atemzügen der Sterbenden und dem Husten, Weinen, Fluchen und Jammern der Lebenden. Die SS habe das Lager vermint und werde es beim Abzug sprengen, das Wasser sei vergiftet, Hitler sei tot, die Russen im Anmarsch. Sogar das dumpfe Wummern der Kanonen kommt aus einer anderen Welt. Mich kümmert nichts mehr. Fieber umhüllt mich mit einem weichen Daunenbett und schläfrig-zufrieden starre ich durch die Fensterscheiben meines Kinderzimmers.

Beißende Peitschenhiebe von Gewehr- und Maschinengewehrfeuer zerreißen den Traum. Das Fenster meiner Kindheit wird wieder zum Barackenfenster: vier kleine, schmutzige Scheiben. Und draußen vor dem Glas steht die Befreiung: sechs, acht, zehn Pferdefüße, braunschwarz behaart, dampfende Nüstern, gestiefelte Soldatenbeine. Die Tür wird aufgestoßen. Durch einen Tränennebel sehe ich runde Soldatenköpfe, die wie verlegene Jungen um die Ecke schauen. Die Ereignisse überschlagen sich, ein Film im Zeitraffertempo. Rumpelnde Militärfahrzeuge lösen die Pferdefüße ab. Deutsche Männer und Frauen wickeln uns wie Säuglinge in graue Decken und betten uns mit ängstlicher Behutsamkeit auf die Ladefläche von Lastwagen. Schnaubende Pferde im Hintergrund. Junge russische Soldaten, das Gewehr vor der Brust, schauen aus freundlichen, erstaunten Kinderaugen, rufen einander, greifen manchmal helfend zu. Willenlos wie ein Kleinkind lasse ich alles über mich ergehen, falle auf dem Lastwagen in Schlaf, das Brot, das ich bekommen habe, wie einen Teddybären in den Armen.

Lauwarmes Wasser streichelt meine Haut. Die Wunden brennen bei jeder Berührung mit dem nach Lysol riechenden Stück Seife, mit dem eine große Frauenhand mich vorsichtig wäscht. Ihr Gesicht bleibt verschwommen. Ich getraue mich nicht, sie anzusehen, befangen von längst vergessener Scham. Mein gräßlich zugerichteter Körper, fremden Augen preisgegeben, macht mir plötzlich Angst. An die grüne Wand gelehnt steht ein junger, kahlgeschorener Russe, ein wachsamer Bademeister. Der Rauch seiner Papirossa durchdringt den Desinfizierungsgeruch. Die Krankenschwester hebt mich aus dem Wasser. Einen Augenblick lang stehe ich ohne Halt aufrecht und schaue hinauf zu den rostigen, stählernen Streben des Fabrikdaches hoch über mir. Schneller und schneller dreht sich alles um mich herum. Als ich in einem Strudel des Vergessens versinke, höre ich das Gewehr des Soldaten auf dem Steinboden klirren und fühle Hände, die mich nicht fallenlassen.

Tage später entdecke ich nach und nach die Welt um mich herum. Das weiße Weiß der Laken und Bettbezüge, die Weichheit der Daunendecke, die glatte Schnabeltasse an meinem Mund mit dünnem, süßsaurem Brei, das gefilterte Sonnenlicht, die steife Schürze der Krankenschwester, ihr hellbraunes Haar. Langsam erweitert sich der Kreis meiner Wahrnehmungen.

Die beiden Kameraden neben mir, Totenköpfe, von Daunenkissen gerahmt, die in der Maibrise flatternden Vorhänge, die knatternden Motorräder der rundköpfigen Kosaken und nachts das Stöhnen, Schreien und Schluchzen in den angrenzenden Zimmern. Jiddische, polnische, ungarische Laute, nah und fern. Die Schwester spricht leise zu mir: ein anderes Deutsch. Sie füttert mich wie ein Kleinkind mit Bouillon, Löffel um Löffel. Sie weckt uns aus dem Mittagsschlaf, zieht nervös die Laken glatt, versucht uns auf unsere knochigen, wunden Sitzflächen aufzusetzen.

Drei breitgebaute Russen betreten polternd das Zimmer. Auf den grünbeigen Offiziersröcken mit roten Kragen tragen sie Ordensspangen, die mir zwar nichts sagen, aber Vertrauen einflößen. Unter ihnen eine blonde Frau mit hellblauen, unruhigen Augen, eine Ärztin, wie das Stethoskop auf ihrer Brust anzeigt. Sie untersucht meinen Kameraden zur Linken und mich gründlich, sieht wortlos meinen Fuß an, schreibt etwas auf ein Blatt Papier und läßt es für die Schwester auf dem Tisch liegen. Den dritten Mann weckt sie nicht. Aus den gedämpften Worten und den Blicken der beiden anderen schließe ich, daß die Befreiung für ihn zu spät gekommen ist. So wie sie hereingekommen sind, gehen sie wieder.

Das Gesicht der Schwester entspannt sich und fast fröhlich fragt sie mich, was ich essen möchte. Meine Kenntnisse von Leckerbissen sind verblaßt. Wenn es nur möglichst viel ist. Wenn es nur den unendlichen Hunger, der sich wieder in mir zu regen beginnt, stillen kann. »Einen riesigen Pudding«, höre ich mich sagen, und sie verspricht mir einen solchen Pudding.

Ein paar Tage später sitzt sie auf meiner Bettkante und schaut amüsiert zu, wie ich mit einem Eßlöffel die süße, wackelnde Sechspersonenportion verschlinge. Aus Dankbarkeit höre ich ihr mit offenen Ohren zu, als sie mir fast flüsternd in der summenden

Stille der Ruhestunde erzählt, wie die Kriegsgewalt ihr Leben niedergewalzt hat. Der Bauernhof ihrer Eltern in Flammen, der Vater von Plünderern getötet, die Mutter geflohen, die Schwester vergewaltigt, das Vieh geraubt. Sie klagt meine Befreier nicht an, doch ihre Tränen sind bitter. Ich kann sie nicht trösten. Wider meinen Willen fühle ich verwirrendes Mitleid.

Der Juni 1945 in Oberschlesien riecht nach Sonne, Gras und Freiheit. Das Draußen zieht mich an und jagt mir zugleich Angst ein, das Leben ohne Stacheldraht ist noch so ungewohnt. Mit schlurfenden, unsicheren Schritten erkunde ich die Umgebung meines Krankenzimmers: die kleine Grasfläche vor dem Fenster, den Gang, die anderen Zimmer. Meine Schicksalsgenossen in oder neben den anderen Betten sind mir fremd und doch vertraut. Wir finden wieder zu uns selber, treten aus der Schattenwelt, sehen einander als Menschen. Einige von ihnen haben Beutezüge durch Wüstegiersdorf unternommen und kommen mit Zucker in Leinensäcken, Butterkonserven, Speckseiten, Schuhen und Kleidern aus dem Lagermagazin der SS zurück, das die Russen leerräumen. Ährenleser hinter den Mähern. Die Gier, mit der sie sich vollstopfen, kostet mehreren von ihnen das Leben.

Einer dieser Starken, fast Gefürchteten, kommt in mein Zimmer mit einem Almosen aus Zucker und Butter. Heftig rät die Schwester zur Enthaltsamkeit. Ihr recht zu geben, kostet mich Mühe. Am nächsten Tag besucht er mich wieder und trifft mich allein an. In einem Gemisch aus Jiddisch und Deutsch schlägt er mir vor, ich solle ihn im Tausch für Hilfe und Unterstützung als meinen Bruder oder Cousin in die Niederlande mitnehmen. Ich zögere, halte ihm vor, daß die Freiheit durch Lügen besudelt wird, weiß aber erst nachts, als Schlaflosigkeit die verdeckten Bilder freigibt, was mich zurückhält: Er, der vollgefressene Küchenkapo, steht mit zwei oder drei SS-Wachen vor dem Stacheldrahtzaun, der die Küche vor uns abschirmt. Neben ihm eine Tonne mit schleimigen Brocken. Wir, Abstand haltend, hungrige Skelette, ängstlich, hartnäckig wartend und hoffend auf Eßbares, was immer es auch sei. Er wirft eine halbverfaulte Gurke zu uns herüber. Die Meute fällt darüber her. Ein zweiter, dritter Wurf. Aus Neid und Hunger entsteht ein Handgemenge. Wir drängeln uns zur Tonne vor. Jetzt greifen auch die SS-Leute in das Gefäß und lassen unter gemeinsamem, brüllendem Gelächter das verfaulte Gemüse auf unsere Köpfe und Schultern niedersausen. Ihr Kirmesvergnügen endet, als wir, durch Schüsse in die Luft in Panik geraten, stolpernd und kriechend zu den Baracken fliehen. Auf dem Appellplatz bleiben zwei Männer liegen: einsgeworden mit dem Abfall.

Der Morgen bringt die sonnige Gegenwart zurück. Mit Mühe findet die Schwester saubere, nicht allzu weite, leicht abgetragene Zivilkleidung. Die heißbegehrten Schuhe passen nicht an dem verbundenen Fuß. Den Gedanken an Holzlatschen weise ich zurück. Aus dem erblindeten Spiegel auf dem Gang starrt mich aus dunklen Augenhöhlen eine Vogelscheuche an. Schleppend, fast tastend, gehe ich zum Ausgang der Lazarettbaracke. Zwei Russen, motorisierte Kosaken in Dunkelgrün, sind zu sehr in ihre Wodkaflaschen vertieft, um mich zu bemerken, geschweige denn meinen ersten Gruß zu erwidern.

Die Wiesen voller Blumen und der lispelnde Bach locken mich zur gegenüberliegenden Seite der Dorfstraße. Zaghaft stehe ich auf dem lehmigen Fußpfad, erstaunt über die eigenen Schritte. Rechts verschwindet der Weg zwischen Feldern und Bäumen. Links die ersten Häuser von Wüstegiersdorf. Alles scheint unendlich weit und fern ohne die Grenzen aus Stacheldraht. Ein kleines Kind draußen vor dem Gartenzaun. Langsam trotte ich auf das offene Feld hinaus, wo die Möglichkeit einer Begegnung gering ist. Oft bleibe ich stehen, blicke in die sonnenüberflutete Ferne.

Die Beklemmung weicht und macht einem trunkenen Glück Platz: frei! Ich ermüde bald und kehre um.

Ein schwergebauter Russe mit schiefgerutschtem Käppi kommt mit schwankenden Schritten auf mich zu, bleibt vor mir stehen, bläst mir Schnapsgeruch ins Gesicht. Die Gefahr erweicht meine Knie. Er zielt mit dem dicken Zeigefinger auf meinen linken Arm und knurrt: »Uri«. Ich schüttele den Kopf und bringe ängstlich: »Niks uri« über die Lippen. Grob entblößt er meinen Arm, sieht die blaue Nummer und grinst plötzlich verlegen. »Towarisch«, ruft er und krempelt den Ärmel hoch. Mindestens zehn Uhren ticken über seinem Handgelenk. Eine davon schnallt er ab, legt sie in meine Hand und setzt schwankend seinen Weg fort.

Der Juni ist zeitlos. Die Mahlzeiten teilen die Tage ein, die Genesung und das zunehmende Gewicht die Wochen. Wir reden über früher, über unsere Kindheit, unsere Verwandten.

»Wo kommst du her?« »Wo willst du hin?« Selten fällt der Name eines Lagers; wir brauchen einander nichts zu erzählen. Wir wollen tagsüber vergessen, was uns in den Nächten quält.

Mit meinem neuen Freund aus Debrecen geht es rasch bergab. Tbc färbt seine knochigen Backen rot. Immer seltener verläßt er das Bett. Er schmiedet Pläne für seine Heimkehr. Ich wage nicht, meine Zweifel auszusprechen. An dem Tag, an dem die Lastwagen vorfahren, um die transportfähigen Patienten in ein anderes Gebäude, das alte Kinderheim, zu bringen, winkt er mir schwach lächelnd von seinem Sterbebett nach. Mein Fortgehen kommt mir vor wie Fahnenflucht. Ich lasse den Tod hinter mir.

Das Kinderheim hat nichts Kindliches. Alte Männer, jung an Jahren, gehen oder humpeln zwischen vielen weißen Betten herum. Wir warten, wissen aber nicht, worauf, schlagen die Zeit tot mit unvollständigen oder selbstangefertigten Kartenspielen oder Schachfiguren, wir schreiben in der Hoffnung, daß unsere Briefe einen Empfänger antreffen, streiten uns bei der Essenausgabe, um ein Hemd, um Schuhe, Socken, durchwachen die Nächte, verschlafen die Tage.

Doktor Goldstein, ein kräftiger, lebhafter kleiner Mann, rastlos um die schwerkranken Patienten bemüht und ungeduldig mit den leichteren, ist der Leiter des Kinderheims. Er verschwendet wenig Worte. Widerspruch läßt er nicht gelten. Bei der Einteilung der Essenholer und Pflegehelfer und während seiner kurzen Reden über Ruhe und Sauberkeit herrscht Stille ohne Gegenrede. Sein schwarzes Haar wurde nie geschoren. Manchmal ist er stundenlang fort; dann geht wie ein Lauffeuer das Gerücht durch den Saal, er habe uns unserem Schicksal überlassen. Aber bald steht er wieder vor uns, die Tasche voll Verbandmaterial und Arzneimittel.

Ein paar der älteren, kräftigeren Burschen reden mit ihm, zuerst im Saal, dann im Zimmer neben dem Saal. Sie wollen fort, zurück in die Heimat in Ungarn und Polen, die sie vor einem oder mehreren Jahren mit ihren Familien in Viehwaggons verlassen haben. Sie tigern im Saal, im Gebäude auf und ab. Wir fragen sie, was sie zurückhält, und ihre gereizte Antwort versetzt auch uns in Unruhe. »Goldstein gibt noch keine Gesundheitsbescheinigungen aus, der russische Kommandant hält die Passierscheine zurück, es gibt Spannungen zwischen den polnischen und russischen Truppen, die Polen machen die Grenzen zu . . .«

In den letzten warmen Junitagen sind morgens immerzu einige Betten leer. Mit oder ohne Papiere haben sich die Männer auf den Weg gemacht in die ungewisse Freiheit, die auch uns lockt und schreckt.

Nachrichten aus dem Dorf sickern ins Kinderheim. Ich weiß, sie sind wichtig, aber sie gehen mich nichts an. Eine Welt der

Erwachsenen, zu der ich nicht gehöre. Die polnischen Uniformen, die manchmal vor dem Fenster auftauchen, sagen mir nichts. Was kümmern mich die Zwistigkeiten der Befreier? Allmählich dringt zu mir durch, daß die Grenzen abgeriegelt werden; sie sind für uns nicht mehr ohne weiteres passierbar.

Früher als gewöhnlich steht Doktor Goldstein zwischen den Betten. Gesprächiger, zugänglicher kündigt er die Ankunft eines Busses des Tschechischen Roten Kreuzes an, der die gehfähigen Patienten nach Prag mitnimmt. Ob man ihn durchläßt, ist ungewiß, aber falls er kommt, muß alles bereit sein. Er liest eine Namensliste vor. Mein Name fehlt. Da weiß ich, daß ich mit will – mit auf den Weg nach Hause, in Richtung Niederlande. Ich argumentiere mit Worten, mit meinem ganzen Körper. Bei dieser Selektion werde ich durchkommen. Besorgt gibt er nach, schreibt meine Gesundheitsbescheinigung: »Läuse- und fleckfieberfrei entlassen«, und verspricht, beim russischen Kommandanten um einen Passierschein für mich zu bitten.

Als am späten Nachmittag ein weißlackierter Bus mit roten Kreuzen auf dem Dach und an den Seiten auf dem Spielplatz hält, stehe ich bereit, einen Stock in der einen, ein Bündel mit Unterwäsche und Brot in der anderen Hand.

Rumpelnd fahren wir in die Nacht. Am wiederholten Aufheulen des Motors und am Knacken in meinen Ohren merke ich, daß die Straße steil ansteigt. Der Atemdunst zieht einen Vorhang über die dunklen Scheiben, doch die Welt da draußen läßt mich kalt. Die Schwärze gleitet vorbei, Stunde um Stunde.

An den russischen und polnischen Kontrollpunkten tauche ich für ein paar Augenblicke aus meinen unterbewußten Träumen auf und sehe im gespenstisch erleuchteten Bus meine schlafenden und dösenden Kameraden wie übereinandergestürzte Bäume auf den Sitzen liegen. Ihre stöhnenden, gurgelnden, murmelnden Schlafgeräusche sind mir vertraut: eine Höllensymphonie.

Das Schwarz der blinden Fensterscheiben wechselt in Grau über. Wir fahren durch leere Dörfer, strecken die verkrampften Glieder, versuchen das Ziel zu erraten. Verschwommene Fragen steigen in mir auf: »Wo werden wir halten, wer wird uns aufnehmen, ernähren, versorgen? Was erwartet uns?«

Der Bus fährt durch ein Häusermeer, als spärliche Sonnenstrahlen das Grau verjagen. Die Bilder der Stadt dringen nicht durch meinen Kokon. Vor einem großen Tor bleibt unser Fahrzeug stehen. Mit gekrümmtem Rücken und geschwollenen Knöcheln drängen wir hinaus und stehen zaghaft und unsicher auf dem Kopfsteinpflaster von Prag.

Ein paar Leute – ganz gewöhnliche Leute in gewöhnlichen, graubraunen Kleidern, Menschen aus einer Welt, die ich vor drei Jahren abrupt verlassen mußte – führen uns durch das Tor, durch einen alten Klostergang. Sie sprechen tschechisch, einer redet ungarisch. Ich verstehe sie nicht, spüre aber ihre Freundlichkeit. Von meine Reisegenossen erfahre ich, daß wir zu essen bekommen und daß nach Unterkunft für uns gesucht wird. Der süßlich warme Geruch von frischem Brot und das Klappern der Schöpflöffel an der Wand der Suppenkessel flößt mir Vertrauen ein. In dem chaotischen Gedränge erreiche ich nach langen Minuten als letzter die Ausgabestelle. Das Metallgefäß klingt beängstigend hohl. Die Furcht, nichts mehr zu bekommen, schnürt mir die Kehle zu. Aus dem fast leeren Kessel kratzt die Frau mit der weißen Schürze gerade noch einen Teller voll dicker Erbsensuppe für mich zusammen. Gierig löffle ich in einer fernen Ecke des Klostergartens meine Portion, das Brot in Reichweite. Die Lektion vorhin war hart: Meine Wachsamkeit darf nicht erlahmen.

Wie Dünensand werden wir auseinandergeblasen, jeder ein Korn für sich. Mein Wortschatz reicht nicht aus. Niederländisch spricht hier niemand, an der deutschen Sprache klebt Blut oder Tod und Jiddisch findet nur selten ein verstehendes Ohr. Mit ein paar russischen, französischen, englischen Brocken versuche ich, einen Pfad durch den Wald des Nichtverstehens zu schlagen. »Eine niederländische Gesandtschaft, ein Konsulat? Irgendwer vom Roten Kreuz?«

Ernste, freundliche, verneinende Gesichter, bis endlich jemand mein richtungsloses Suchen versteht. Zusammen verlassen wir das Kloster. Mit peinlich klappernden Sohlen gehe ich neben ihm. Er bietet mir seinen Arm an und versucht in mühsamem Kauderwelsch mir etwas über Prag zu erzählen, doch die Stadt rauscht in meinen Ohren, drückt mir auf die Schläfen. Vor einem großen Gebäude verabschiedet er sich und bedeutet mir, mich an der Pforte zu melden. Verzweifelt sehe ich ihn zwischen den Häusern verschwinden.

Das große alte Haus ruft drohende Vergangenheit auf: Theresienstadt. Das Kupferschild beruhigt mich nicht: Schwedische Gesandtschaft. Ich bin an die falsche Stelle geraten, er hat mich nicht verstanden, hat mich irgendwo abgesetzt – man läßt mich hier verrecken! Nirgends ein Pförtner, nirgends ein Hinweis! Die Tür ist nicht verschlossen, was kann mir schon passieren?

Noch bevor ich die Szene überblicke, höre ich niederländische Gesprächsfetzen, vertraute Klänge, Rettungsbojen. Eine kurze Schlange aus jungen Männern, manche genauso zerlumpt wie ich, vor einem Tisch mitten auf dem Innenhof. Ein älterer Mann sitzt hinter dem Tisch, schreibt und fragt. Neben ihm eine kleine untersetzte Gestalt in einer mir unbekannten Uniform. Ein Offizier im Lumberjack. Er geht fort, grüßt: gleichfalls Holländer.

Die Schlange heißt mich willkommen: »Wo kommst du her, wo bist du gewesen, wie lange, wie schlimm war es?« Lagernamen gehen wie Wechselgeld hin und her: »Und dein Vater, und deine Mutter?« Die Gefühle überwältigen mich. Ich weiß nicht, ob ich noch Tränen habe.

Automatisch beantworte ich alle Fragen, die mir der gut angezogene Mann mit der Füllfeder stellt. Wie ein böser Traum ziehen fünf Jahre an mir vorüber: Die Bombardierung von Rotterdam, die Verhaftung in Apeldoorn, Westerbork, Theresienstadt, Auschwitz-Birkenau, Märzbachtal, Dörnhau, Schotterwerk. Er schreibt und fragt, hört das nicht Ausgesprochene, gibt mir Gutscheine für Essen, Zigaretten, eine Adresse für einen Schlafplatz, verspricht mir Hilfe und Heimkehr.

André, ein großer Blonder aus Delft, nach zwei Jahren Widerstand und zwei Jahren Lager mit Prag vertraut, geht mit anderen Kameraden seine Gutscheine holen. Interessiert hat er mitgehört, bietet an, mich hinzubringen. Seine Adresse ist auch die meine.

Eine klappernde, rumpelnde Straßenbahn trägt uns in eine Straße aus großen, grauen Häusern mit beschädigten Fassaden. Viele Trümmer sind noch nicht fortgeräumt.

»Noch im April ist hier gekämpft worden«, erzählt André. Ein Krieg, anders als der meine. Wie gern hätte ich hier für meine Befreiung mitgekämpft. Mein Schlafplatz ist ein kahles, hohes Zimmer: streng und düster, ein eisernes Bett, ein Stuhl. Der Binsenteppich auf dem Boden erinnert an mein Zimmer zu Hause, vor langer Zeit. Bettwäsche gibt es nicht. Auf dem rauhen Kissen sinke ich in einen bodenlosen Schlaf.

Die Stille der Nacht weckt mich. Zärtlich rauscht sie durch das Zimmer. Der Chor der Seufzer und Jammerlaute ist zum ersten Mal seit Jahren verstummt.

Am folgenden Tag ist Prag mir wohlgesinnt. Die Häuser sehen mich nicht mehr stirnrunzelnd an. André hilft mir bei der polizeilichen Anmeldung. Mein erstes offizielles Papier. Ich bin wieder ein Mensch mit einem Namen.

Wir essen im Thomaskloster, schon Veteranen ohne Panik, mit Gutscheinen, die uns Rechte verleihen. Der Weg zur Gesandtschaft scheint nicht mehr so weit wie am Tag der Ankunft. Auf dem Innenhof stehen Freunde von André, die mich wie einen der ihren begrüßen. Um mich herum raunende Gespräche über Repatriierung, Transportmöglichkeiten und Zigaretten. Meine Ration Papirossi verschenke ich leichtherzig und voller Freude. Etwas hergeben zu können bedeutet für mich Freiheit.

Der Mann, der sich meine Geschichte angehört hat, bildet den bescheidenen Mittelpunkt, ist Ratgeber für alle. Ich höre seinen Namen: Hanepen. Er regelt und versorgt, spricht mit den Tschechen in ihrer Sprache, hat Kontakte außerhalb von Prag. Jeder betrachtet ihn als guten Genius, aber niemand weiß genau, welche Funktion er hat. Für meine Freunde findet er eine Mitfahrgelegenheit in den Westen. In Militärfahrzeugen über Pilsen in Richtung Holland.

Nervös frage ich ihn, ob es auch für mich einen Platz gibt. Besorgt sieht er mich an: »Wenn du unbedingt willst, geht es vielleicht.« Er hält es für nötig, zuvor einen Arzt, ebenfalls Niederländer, zu konsultieren, will ihn bitten, mich zu untersuchen, denn die Reise ist lang und schwer.

Aus Angst, wieder allein zu bleiben, behaupte ich gesund zu sein. Auch die neuen Freunde raten mir von der Fahrt ab. Hanepen ruft an und spricht über mich als einen Kranken. Doktor Polak Daniels will mich morgen in seinem Hotel auf dem Wenzelsplatz sehen: »Mach dir keine Sorgen, das kommt schon in Ordnung.« Ein gutgemeinter, karger Trost.

Ich weiß, daß man mich zurücklassen wird, und irre mißmutig auf Straßenbahnplattformen durch die Stadt. Nach Belieben steige ich aus, gehe ein Stück und setze mich zu schweigenden alten Männern auf eine Bank. Niemand spricht mich an. Scheu wenden die Menschen den Blick ab, andere lächeln verlegen, zuweilen neugierig. Ich trage noch immer das Mal der Demütigung: meinen Stoppelkopf.

Mühsam schleppe ich mich auf schweren, dicken Füßen dahin. Der linke Fuß läßt mich nicht vergessen, was ich vergessen möchte.

Wie ein Wunder liegt plötzlich die Moldau vor mir. Sonnenüberflutet, wie aus Gold, türmt sich der Hradschin am anderen Ufer hoch und majestätisch auf. Vor der Brücke mit den Aposteln bleibe ich wie angewurzelt stehen. Die Augen werden mir feucht, zum ersten Mal seit Jahren überwältigt Schönheit mich und läßt mich die Freiheit kosten. Unwillkürlich schweifen meine Gedanken zu dem namenlosen ungarischen Arzt, der mir vor kaum einem halben Jahr das Leben gerettet hat; ich wünsche, er stünde jetzt hier neben mir auf der Karlsbrücke.

Ich lag im schmutzigen Stroh einer Baracke im KZ Märzbachtal – krepierend wie ein Hund, mein Fuß ein dunkler Ballon voll Blut und Eiter, mein Körper ein Ofen in der Eiseskälte – und wartete auf mein Ende. Nichts unterschied ihn von den anderen Häftlingen. Nur sein gestreifter Anzug war etwas sauberer. Er zog ein Päckchen aus der Tasche, legte zwei Skalpells hin, bedeutete mir, den Fuß auf einen Hocker zu stellen.

Unerträglicher Schmerz, der plötzlich nachläßt, nachdem er den Schnitt gemacht hat. Mein Fuß läuft aus wie eine zerplatzte Schweinsblase, ich verliere das Bewußtsein. Als ich zu mir komme, sitzt er neben mir. Er läßt mich zwei Tabletten schlucken, gibt mir Wasser und drückt mir drei weitere Tabletten in die Hand: »Vergiß nicht, sie einzunehmen, es sind meine letzten Prontosil-Tabletten.«

Dort, auf dem schönsten Platz in Prag, wünsche ich inbrünstig, daß er lebt.

Obwohl wir beide wissen, daß unsere Wege sich trennen, weckt André mich fast fröhlich, damit wir rechtzeitig auf dem Wenzelsplatz sind. Zu meinem Erstaunen ist der Portier des beeindrukkenden Hotels höflich und weist uns den Weg zum »Holandski Doktor«. In der Tür erkenne ich ihn: den kleinen untersetzten Major, der bei meiner Ankunft auf dem Innenhof stand. Gesprächig begrüßt er mich, läßt echten Kaffee kommen, ein längstvergessener Luxus. Er erzählt von seiner Flucht in die Schweiz, wie er hierher gekommen ist, was er tut, und von den befreiten Niederländern aus Theresienstadt. Seine Worte fliegen an meinen Schläfen vorbei. Weiß er, warum ich vor ihm sitze? Als er den Kaffee trinkt, wage ich zu fragen: Hat Herr Hanepen ihm alles erzählt? Ich warte auf die Untersuchung, aber er betrachtet nur meine Knöchel und Füße, schüttelt den Kopf und meldet ein Telefongespräch an. In erstaunlich flüssigem Französisch spricht er mit einem Henri, Colonel Henri, wendet sich wieder an mich und fragt: »Willst du mit den Franzosen nach Paris mitfliegen?« Völlig verdutzt nicke ich, ohne recht zu verstehen, worum es sich handelt. Ich trinke meinen kaltgewordenen Kaffee und frage mich, was mich erwartet. Sofort zerstreut er meine Sorgen, verspricht, mich morgens abzuholen und zur französischen Gesandtschaft zu bringen. Man hat ihm zugesagt, mich mitzunehmen. In Gedanken an den morgigen Tag höre ich von weitem seinen Worten zu. Ich selbst brauche nicht viel zu reden, denn Lagergeschichten hört er nicht gern.

Der Abschied von meinen Freunden ist kurz und ohne große Emotionen. »Wir sehen uns wieder in den Niederlanden«, das klingt, als wäre das Land ein Marktflecken, wo man sich vormittags im Café trifft.

Die Nacht ist lang, mein Schlaf unruhig. Ich wage nicht, mir auszumalen, was ich zu Hause vorfinden werde, treibe Magie, um das Schicksal nicht herauszufordern. Die Bilder von Rotterdam und Apeldoorn, unserer letzten Wohnung, von meinen Eltern, meiner Tante, unseren Hausgenossen, meinem Hund jagen vorbei. Prag schlummert noch, als ich schon reisefertig bereitstehe, und noch bevor Doktor Polak Daniels den Motor des dunkelgrünen Fahrzeugs, das er »Jeep« nennt, abgestellt hat, bin ich unten bei ihm.

Vieles von dem, was er auf dem Weg zur französischen Gesandtschaft zu mir sagt, geht an mir vorbei. Die Ungewißheit macht mich taub für die Geschichten anderer Leute. Seine Uniform, die französischen Worte und die Namen, die er nennt, öffnen den Schlagbaum und die Türen. Drinnen warten wir auf jemand, der mich mitnehmen soll. In den uns verbleibenden Minuten gibt mir Polak Daniels ein Reisegeschenk. Er erklärt es mir: Die »Marschverpflegung« enthält Schokolade und andere Nahrungsmittel, reich an Kalorien, aus Amerika.

Überraschung und Neugier mindern den Abschiedsschmerz. Als der junge französische Offizier mich durch den langen Gang davonführt, winken wir einander zu wie Familienangehörige.

In einem hohen, geräumigen Zimmer sitzt ein schweigsamer Mann an einem großen Schreibtisch. Aktenregale und ein Küchenstuhl bilden die übrige Einrichtung. Der Offizier sagt, ich müsse hier warten und macht eine Bemerkung zu dem Mann am Schreibtisch. Ich warte. Ständig klingelt das Telefon, laufen Leute mit Mappen herein und hinaus. Ich warte noch immer. Hungrig und neugierig öffne ich das Päckchen. Der Überfülle von Schokolade, Keksen, getrockneten Früchten und Sardinenbüchsen kann ich nicht widerstehen und beginne ohne Hemmung und Gewissensbisse zu essen. Nur die Konserven sind noch übrig, als der Mann sich umdreht und mich sitzen sieht. Verlegen, unbeholfen frage ich, wann ich abgeholt werde, weiß aber nicht, ob er mich versteht. »Stimmt etwas nicht? Darf ich nicht mit? Was kann ich tun, außer hier zu warten?« Er beugt sich wieder über seine Papiere, als sei ich nicht vorhanden.

Endlich ein bekanntes Gesicht. Der junge Offizier kommt herein, sieht mich, flucht: »Merde, on vous a oublié.« Er packt mein Bündel mit der einen Hand, zieht mich mit der anderen im Laufschritt durch den Gang, drückt mich auf den Beifahrersitz eines schwarzen Citroen mit großen Kotflügeln, springt hinter das Lenkrad, schreit etwas zur Wache und rast an dem eilig hochgezogenen Schlagbaum vorbei hinaus. Mit quietschenden Reifen biegt er um die Ecken, und als ich wieder zu Atem komme, sehe ich die Prager Häuser, Straßen und Plätze an mir vorbeiflitzen und höre unser Gehupe.

Ängstliches Lachen, ein Kirmesgefühl überkommt mich, und als wir mit kreischenden Bremsen und jaulendem Hupen auf dem Militärflughafen stehenbleiben, steige ich aus dem Karussell meiner Kinderjahre. Dicht vor uns ein Militärflugzeug mit laufenden Propellern. Männer in Overalls unten an der Treppe, die Tür im Rumpf ist noch offen. Mein Begleiter winkt und ruft. Die Männer winken zurück. Wieder zieht er mich wie eine Lumpenpuppe hinter sich her.

Ein Schulterklopfen ist der Abschied. Ich humpele hinauf und verschwinde mit gesenktem Kopf im Rumpf der Maschine. Applaus und ein Stimmenchor begrüßen mich: »Bravo«.

Noch bevor meine Augen sich an das Dunkel gewöhnt haben, helfen viele Hände mir hinauf in eine hängende Tragbahre. Die Tür schließt sich. Mein Bett rast mit ungeheurer Geschwindigkeit über die Startbahn, ein kleiner Ruck, ein Druck in den Ohren: Wir fliegen nach Paris.

Nebeneinander auf einer langen Bank sitzen gut angezogene Franzosen, Männer und Frauen, und lehnen den Rücken an den Rumpf des Flugzeugs. Schräg unter mir ihre Gesichter, die interessiert, freundlich lächelnd auf mich gerichtet sind. Viele Worte können wir nicht wechseln. Lärm und der fehlende Wortschatz hindern uns daran, trotzdem spüre ich ihre Wärme.

Die Dakota brummt mich rasch in tiefen Schlaf, aus dem mich leises Flüstern und Lachen weckt. Auf Beinen, Bauch und Brust fühle ich einen Druck, den ich, noch schlaftrunken, nicht erklären kann. Als ich die Augen öffne, bin ich im Schlaraffenland. Auf mir und um mich herum sehe ich Schokolade, Kekse, Trockenobst, Sardinenbüchsen und Nüsse, und fröhliche Gesichter, die auf mein Erstaunen warten. Heiser vor Rührung stammele ich meinen Dank, der viel weiter reicht, als sie vermuten.

Auf dem Flughafen Le Bourget kann ich die Tränen nicht mehr zurückhalten, als viele von ihnen mich beim Abschied umarmen. Die Küsse der Frauen, jung und alt, glühen auf meinem Gesicht. Ich fühle, wie ich unter der vergessenen Liebkosung erröte. Einer der Piloten hilft mir meine Reichtümer zusammenpacken und setzt mich in einen gleichen Citroen wie der in Prag. Auf dem Zettel, den ich ihm hinreiche, steht »Centre d'accueil néerlandais, rue Leonardo da Vinci, Paris 16e«: die Adresse, die mir Doktor Polak Daniels bei meiner ersten Tasse echten Kaffee gegeben hat.

Paris gleitet dunkel an den Autofenstern vorbei. Der Abschied geht mir in Gedanken nach. Das große Haus, Hotel genannt, ist dunkel und schon geschlossen, der Empfang kühl, zurückhaltend. Der Saal mit Etagenbetten ist noch leer, ich finde einen freien Schlafplatz mit Strohmatratze. Das Abendessen ist längst vorbei. Ich knabbere an meinen Vorräten, und als die schäbig gekleideten Mitbewohner sich allmählich einfinden, ist ihr Interesse an meinen Leckerbissen größer als an mir. Im Saal herrscht bedrückende Lageratmosphäre, und bevor ich einschlafe, höre ich Worte, die ich lieber nicht hören möchte.

Der sonnige Pariser Morgen läßt kein Grübeln zu. Irgendwo in der Stadt muß ich mich bei einem niederländischen Arzt melden, der nur schwer verhehlen kann, daß er uns, alte Häftlinge, als Leprakranke betrachtet. Auf meiner DP-Karte trägt er ein: TB und VD negativ; der erste Schlagbaum auf dem Weg nach Hause geht damit hoch. Der zweite heißt »screening«.

Ein blasser, blonder Kapitän in grobem Kampfanzug erlaubt mir erst, mich hinzusetzen, als ich zu erkennen gebe, daß das Stehen mir schwerfällt. Er fragt und fragt und reißt die Narben meiner Erinnerung auf, bis ich alles blutend vor ihm ausschütte.

Meine DP-Karte wird voll. Ein Brief, der mir das Recht gibt, gebührenfrei Reisepapiere beim Konsulat abzuholen und eine Adresse für Kleidung bei der Mission Néerlandaise sind die letzten Waffengänge dieses Vormittags.

Beinahe zu spät zum Mittagessen treffe ich in meiner Unterkunft ein. Ich habe noch keine Essenmarken und mißtrauisch wird mir eine Mahlzeit »als Vorschuß« gewährt. Widerwilliger Kredit der Machthabenden. Ich komme mir vor wie Oliver Twist.

Ein vage bekanntes Gesicht von früher, stark zerfurcht mit lebendigen Augen mir gegenüber am Tisch. Der Name kommt mir über die Lippen: Merksamer, von der Fliegenden Kolonne in Westerbork. Das Wiedererkennen ist kurz und herzlich. Mit wenigen Sätzen ist unsere Geschichte erzählt. Wir brauchen einander nur zu ergänzen. Nach dem Essen grummelt mein Hunger weiter. Der seine auch, aber er weiß Rat. Er schleppt mich zur Métro Victor Hugo. Die erste Fahrt im Bauch von Paris ist mir sonderbar vertraut. Als wir bei Jean Jaurès aussteigen, weiß er den Weg zu dem verfallenen Gebäude, wo uns Essen erwartet.

Ein schlichter Saal mit Tischen und Stühlen. Wir kommen spät. Ein großer Mann im Kaftan heißt uns willkommen, führt uns zur Suppe, die unerschöpflich scheint. Heißhungrig löffeln wir, brechen das Brot. Väterlich lächelnd schaut er auf uns herab. Sein Jiddisch ist wie ein alter Pelz, warm und bequem. Freunde scharen sich um uns herum: »Von wannen seid ihr? Welches Lager? Hast du gekannt den ... aus Lodz? Den ... aus Kielce? Den ... aus Bialystok?« Fragen prasseln auf uns herab, aber wie wenig wissen wir zu sagen. Sie drängen uns: Bleib hier, was suchst du drüben? Schmerzhaft wird mir bewußt, um wieviel mehr sie wissen als wir, welches Ausmaß der Massenmord hatte, wie wenig geblieben ist, wonach man suchen kann.

Gesättigt und in Frieden gehen wir fort. Am Eingang ein alter Mann mit rotem Bart und Schläfenlocken. Er drückt mir zwanzig Franc in die Hand: »Nemm Yingel, käuf dir eppes Scheines.«

Wieder im Centre d'Accueil stehe ich in der Schlange für Gutscheine. Dreißig Franc, das Taschengeld, das jeder bekommt, wird mit dem Rat zur Sparsamkeit ausgehändigt.

Das Gefühl von Reichtum und Freiheit ermutigt mich, anderntags ein paar alte Knobelbecher, die man mir in der Mission Néerlandaise in die Hand drückt, abzulehnen. Was habe ich an den Tretern, in die ich mit meinem verbundenen Fuß ohnehin nicht hineinkomme. Einen Anzug aus Zellstoffasern mit locker gewebtem Fischgrätenmuster, leider für kürzere Gliedmaßen gedacht als die meinen, und etwas Leibwäsche nehme ich an, aber erst, als ich höre, daß es nichts anderes gibt. Mit Metro und Bus durchquere ich kostenlos die Stadt, sitze in Parks auf Bänken in der Sonne neben Clochards und Müttern, die ihre Kinder verwöhnen.

Mit schleppenden Schritten bummele ich durch die großzügig angelegten, breiten Straßen, lasse eilige und neugierige Menschen an mir vorbeiziehen und weiß, daß die Welt so sein muß. Vor den Schaufenstern bleibe ich stehen und vergaffe mich am Unerreichbaren. Schuhgeschäfte sind Magneten: Wie wunderbar wäre es, wenn ... »Schuhe« bedeuten Überleben, Freiheit. Was nützt mir das Geld ohne Schuhe?

Unweit vom Père Lachaise überwinde ich meine Scheu und betrete schüchtern ein Schuhgeschäft. Zwei junge Verkäuferinnen sehen mich an mit Gesichtern, in denen Lachen und Ernst einander abwechseln. Mein grauer Stoppelkopf, die schäbigen Kleider und die hölzernen Latschen stempeln mich zum Bettler ab. Zeigend und stotternd versuche ich zu erklären, was ich möchte. Sie rufen den Chef herbei, einen älteren Mann, der mir in mühsamem Französisch-Deutsch klarmacht, daß Lederschuhe mit Ledersohlen nur in dringenden Fällen auf ganz besondere Gutscheine erhältlich sind. Ich lasse nicht nach, zeige ihm meinen Fuß und gebe ein Stück Vergangenheit preis. Er läßt alle Förmlichkeit fahren. Schuhe mit biegsamen Holzsohlen und weichem Oberleder gibt es nur auf Karten, aber er will mal ein Auge zudrücken.

Die Mädchen bringen stapelweise Schachteln und probieren mir mit unendlicher Freundlichkeit und Geduld Schuhe an, bis sie das Richtige und Passende für mich gefunden haben. Rehbraun und weich, himmlisch duftend ist das Paar, auf das meine Wahl fällt. Es jetzt gleich einzuweihen wäre Sünde; das muß mit feierlicher Bedächtigkeit geschehen. Kichernd packen die Mädchen meinen kostbaren Besitz ein und winken mir aus der Ladentür nach, bis ich aus ihrem Blickfeld verschwunden bin.

Brennend vor Verlangen reiße ich das Papier während des Gehens auf. Ich will das Leder fühlen, seinen Duft einatmen, meinen Schatz bewundern und betasten. Meine Hand gleitet in einen Schuh und fühlt etwas Fremdes, das dort nicht hingehört. Ein Päckchen fällt heraus, und noch eines: Chesterfields. Ihr Lachen war Herzlichkeit ohne Spott, wie ich nachträglich begreife, und Freudentränen pressen mir die Kehle zusammen.

Strahlendes Paris im Juli 1945. *Quatorze juillet:* ein Karussell von tanzenden Soldaten und lachenden Mädchen in sauberen, frischgebügelten Blusen, von *valse musette* und zufriedenen Alten, von Clochards und *mutilés de guerre.* Am Etoile ein Feuer, entlang den Straßen Lampions. Und jedermann ist glücklich.

Das Defilée habe ich versäumt, oder wollte ich es versäumen? Die zarte Freude paßt nicht zu Soldatenstiefeln und Marschmusik. Es ist auch mein Tag der Befreiung.

Abends höre ich, daß in wenigen Tagen ein Zug in die Niederlande abfährt, eine Reise ins Ungewisse, die mich lockt und schreckt zugleich.

Wie in einem letzten Umarmen streune ich durch Paris, bewirte mich mit einem Eis auf einer Terrasse und spiele den Touristen. Im Quartier nahe der Seine schiebt eine alte Frau in langen Bauernröcken und Schultertuch einen flachen Karren mit einem großen Haufen Aprikosen darauf, reif und rosagelb. Sie bleibt stehen, Käufer umringen sie wie Bienen den Korb. Für jeden Kunden wiegt sie die Früchte auf der Schnellwaage ab, dreht eine große spitze Tüte aus einer Zeitung und läßt die Aprikosen hineinrollen. Ich zähle mein letztes Geld. Für ein Pfund dürfte es reichen, obwohl mir der Kilopreis hoch erscheint. Da ich nicht weiß, was Pfund auf Französisch heißt, versuche ich mit Gesten ihr meinen Wunsch verständlich zu machen. Sie schaut mich grinsend an und füllt die Waagschale randvoll. Verzweifelt versuche ich nochmals zu erklären: ein Pfund, auf gar keinen Fall mehr. Aber sie macht weiter und achtet nicht auf meine Gesten. Die große Tüte voller Früchte legt sie mir wie ein Baby in den Arm, und als ich bezahlen will, wehrt sie mit breitem Lachen ab und wünscht mir: »Bonne chance«.

Ein Zug in Richtung Brüssel steht auf dem Gare du Nord bereit zur Abfahrt. Die staubigen, graugrünen Waggons sind schon fast voll, die meisten Coupétüren stehen offen. Ich klettere auf die langen Trittbretter und suche nach einem freien Platz, gehe von Wagen zu Wagen, schaue in ein Abteil nach dem anderen in der Hoffnung, daß jemand beiseiterückt.

Eine Rote-Kreuz-Schwester hilft mir beim Suchen. Am Ende des Zuges, weit außerhalb der dunklen Überdachung, höre ich meinen Namen. Im Gedränge finde ich den Rufenden nicht. Da wird dicht vor mir eine Tür aufgerissen, und jubelnd heißen mich

André, Hans und noch zwei andere Freunde vom Innenhof in Prag willkommen. Sie überreden jemanden, mir Platz zu machen, und tief zufrieden setze ich mich auf die glatte Holzbank. Die Abfahrtszeit ist längst verstrichen, als der Zug sich langsam, schnaubend und keuchend in Bewegung setzt. Unsere Aufmerksamkeit wird dadurch kaum von den Geschichten abgelenkt, die wir einander erzählen, denn es ist niemand da, der uns nachwinkt.

Eintönig rollt der Zug durch Nordfrankreich dahin. Manchmal schnell, manchmal im Schrittempo. Oft hält er an zerstörten Bahnhöfen oder inmitten von ausgedehnten Kornfeldern. Es ist noch nicht ganz dunkel, als die Vorstadt von Brüssel an den Fenstern vorbeigleitet.

Mit Briefen in der Hand machen wir uns auf die Suche nach unserem Quartier für diese Nacht und schlendern durch die Straßen. Ein Führer oder Helfer weist uns den Weg und dicht vor dem Hotel sehen wir ein Straßenschild, das offensichtlich übersehen wurde: Rue Rauter. Ein Name, bei dem viele von uns laut fluchen.

Der nächste Tag ist unfreundlich und feucht, die Gesichter auf den Bahnhöfen düster. Keine Wärme strömt uns von den Bahnsteigen entgegen. In den Abteilen zerbröckelt unsere Verbindung zueinander. In Eindhoven sind wir keine Passagiere mehr, sondern nur noch Frachtgut. Auf einem Nebengleis für Güterwagen, neben einem großen Betonklotz mit kleinen Fenstern steigen wir aus. Ein großer, bedrohlicher Zaun aus Stacheldraht ruft schwarze Bilder in uns wach.

Um meinen Hals hängt ein grünes Schild mit einer Nummer. In langen Reihen stehen wir vor den Waggons und gehen auf Befehl mit unseren Bündeln oder mit leeren Händen zum Eingang der Speicherhalle. Eine kühle Lageratmosphäre hängt darin wie eine bleierne Wolke. Endlose Säle ohne Betten, ohne Stühle. Auf dem Steinboden dunkle Strohsäcke, meterlang und -breit, wie

Beete auf dem Beton. Menschen in zerdrückter, muffiger Kleidung schieben sich an uns vorbei. Manche sitzen oder liegen, ohne ihren ärmlichen Besitz aus den Augen zu lassen. Sie brechen das ungeschnittene Brot, schreiben Briefe oder lesen angespannt, um das Stimmengewirr nicht zu hören. Einer schläft, als kümmere ihn nichts mehr, ein anderer stöhnt und knirscht mit den Zähnen. Lautsprecher an den Decken schmettern Nachrichten und rufen die Namen derjenigen auf, die sich an einem Schalter melden sollen. Zum Essen heulen Sirenen. Vor den Wasserhähnen und WCs stehen Schlangen. Eine weinende Frau, die schon seit Wochen auf eine Nachricht »von draußen« hofft.

Wir alle warten Tage oder Wochen lang wie Fundsachen auf ihre Besitzer. Im Saal neben uns ist das Büro mit den Schaltern. Junge Männer in Uniform oder Zivilkleidung stellen den Leuten Fragen, schreiben Listen und Notizen. Manchmal verschwindet einer hinter einer verschlossenen Tür und kehrt nicht mehr zurück. Ein Wolf unter den Schafen, entlarvt.

Kleine Gruppen mit Bündeln machen sich auf die Reise zu ihrem Bestimmungsort. Mutlos schaue ich ihnen nach und warte auf mein Wunder: Wo soll ich hin? Wer fragt nach mir?

Nach Tagen höre ich meinen Namen und schrecke hoch wie ein Missetäter. Hinter dem Schalter ein junger Mann mit vage vertrautem Gesicht. Sein Blick verrät Erkennen, Schrecken, Verlegenheit. »Aber du bist ja der Gerhard! Erkennst du mich nicht? Ich bin der Sohn von Kuyt. Dein Vater hat bei uns Zigarren gekauft, in Apeldoorn, am Schuttersweg. Ich habe deinen Namen auf der Liste gesehen.«

Die drei Jahre zwischen damals und heute erscheinen wie dreihundert.

Ich schüttele seine Hand; ein Stückchen Zuhause.

»Es sind schon viele Menschen aufgetaucht«, sagt er vorsichtig, »aber von dort, wo du warst, sind bislang wenige zurückgekommen, soviel ich weiß. Ein Onkel oder Vetter von dir hat es geschafft!« Er rät mir, in Apeldoorn mit dem Suchen anzufangen und setzt mich auf die Liste für einen Transport in Richtung Nord-Niederlande.

Die Sonne steht über unseren Köpfen. Die Stahlklappe des amerikanischen Zehntonner-Armeelasters ist so heiß, daß man sie kaum anfassen, die Ladefläche so hoch, daß niemand ohne Hilfe hinaufsteigen kann. Einmal oben, sitzen wir wie Auswanderer auf unseren Bündeln, Taschentücher als Sonnenschutz auf dem Kopf. Rumpelnd, Staub und Steine hinter sich aufwirbelnd, trägt das Fahrzeug mich und viele meinesgleichen zu Orten, aus denen wir vor langer, sehr langer Zeit vertrieben worden sind. Überall entlang der Route steigen Leute ab: in Nijmegen, Arnhem, Deventer, Zwolle. Der Abschied ist immer kurz. Eine erhobene Hand, ein Gruß, ein guter Wunsch. Im Abschiednehmen haben wir große Übung.

Die letzte Wegstrecke ist lang und einsam. Ich bin der einzige Passagier, sitze klein und still neben dem Soldaten in der Fahrerkabine. Zartfühlend schweigt er, als wir Apeldoorn erreichen. Von meinem erhöhten Sitz herab sehe ich die Alleen und Wege, die alten weißen Häuser und meine Schule, das Lebensmittelgeschäft, in dem ich als Junge für meine Mutter eingekauft habe, den Ort, an dem ich vor vier Jahren einen Abschnitt aus dem Buch der *Richter* vorgelesen und jüdische Männerrechte erworben habe.

Auf dem Marktplatz hält der Lastwagen vor dem Backsteingebäude mit den vergitterten Fenstern und runden Toren: der Polizei von Apeldoorn.

Vor drei Jahren der Anfang und jetzt das Ende der Reise.

Nachwort

Es gibt nur wenige Augenzeugenberichte, die über die Befreiung oder die Kapitulation hinausgehen.

Über die Heimkehr wurde selten berichtet, außer von den Juden in Polen und Rußland, denn für viele von ihnen war »Heimkehr« ein Synonym für Beleidigung und Verschleppung, für Mord und Totschlag.

Für dreihundertfünfzig Juden, die die Kriegsverbrechen der Nazionalsozialisten überlebt hatten, brachte das Jahr der Befreiung nachträglich den gewaltsamen Tod in ihrer Heimat. Nur die Pogrome von Krakau und Kielce wurden in der ausländischen Presse erwähnt. (1) Polen war ein Jagdrevier für fanatische Judenhasser und habsüchtige »Aufbewahrer« (2), wo die Behörden der Treibjagd machtlos zuschauten oder sich abwandten.

Daß im September 1944 über Auschwitz nur Streifen am Himmel erschienen, beruht auf derselben politischen Ohnmacht, auf demselben nationalen Autismus. Auch jetzt werden viele Juden im In- und Ausland ihrem Schicksal überlassen.

Unsere Berichte verstummten meist zu einem früheren Zeitpunkt, da alles, was uns nach dem Mai 1945 wiederfuhr, vor dem Hintergrund der vergangenen Ereignisse nur gut und schön sein konnte. Erst Jahre später kamen Zweifel auf, ob unsere Heimkehr denn wirklich so großartig war.

Die Eile, mit der 1945 die befreiten jüdischen Gefangenen heimgeholt wurden, war von Land zu Land verschieden, desgleichen die Begeisterung bei ihrem Empfang. Die Niederlande erreichten auf der Thermometerskala der Menschlichkeit einen mittleren Stand. Die Ostblockländer befanden sich tief unter dem Gefrierpunkt. Nur Skandinavien setzte sich nicht nur sofort für seine deportierten Landesgenossen ein, sondern auch für viele andere, für die gar keine staatsrechtlichen Verpflichtungen bestanden.

Niederländische Privatpersonen wie Frank Hanepen (3) und Dr. Polak Daniels (4) vollbrachten 1945 in der Tschechoslowakei die nahezu übermenschliche Aufgabe, ohne offiziellen Status die Repatriierung ihrer Landesgenossen in die Wege zu leiten, denn erst im Oktober desselben Jahres wurde von der niederländischen Regierung eine Repatriierungskommission einberufen.

Nach unser Heimkehr erwiesen wir uns als wortkarge Reiseteilnehmer. Es fehlte uns die Sprache für unsere Erlebnisse. Die abgenutzten Worte, die es gab, blieben uns im Halse stecken, denn kaum jemand wollte sie hören, kaum jemand wollte sich damit abgeben, geschweige denn verstehen. Sie hätten ja den Rausch der Befreiung vergällen und den Selbstbetrug vieler entlarven können.

Erst siebzehn Jahre nach der Befreiung konnte Primo Levi (5), rückblickend auf ein Jahr Gefangenschaft in Auschwitz und auf eine neun Monate lange Odyssee durch das chaotische Europa von 1945, seine Heimkehr beschreiben: »Am 19. Oktober, nach fünfunddreißig Tagen Reise, traf ich in Turin ein: Das Elternhaus stand, alle Familienangehörigen lebten, niemand hatte mich erwartet. Ich war aufgedunsen, bärtig und zerlumpt, sie erkannten mich nur mit Mühe. Ich fand die Freunde voller Leben, die Wärme der sicheren Mahlzeiten, die konkrete alltägliche Arbeit, die erlösende Freude des Berichtens, das Erzählen meiner Erfahrungen . . .«

Mit Staunen und Selbstmitleid las ich seinen Bericht. Wie anders war das Ende meiner Reise.

Das Elternhaus stand noch. Die derzeitigen Bewohner, von den Besetzern 1943 dazu ermächtigt, ließen mich nicht über die Schwelle. Meine Eltern und unsere Hausgenossen »vermißt«. Meine Tante krank in Malmö, aus Ravensbrück von Folke Bernadotte (6) durch das Schwedische Rote Kreuz gerettet. Einige zurückgekehrte Verwandte, die mich nicht mehr erwartet hatten. Freunde meiner Eltern, standhaft und integer, die Nachbarn, manche von anständig bis verbrecherisch; jeder hatte seine eigene Geschichte über die Widrigkeit der Besetzung und alle erstickten damit das Unsagbare in meiner Brust. Ich war ein Fremdling, der sich anhören mußte, was die anderen bis zum Überdruß gehört hatten, und erkaufte mir Ansehen mit einem willigen Ohr und diskretem Schweigen.

Ich lernte wieder, als Mensch unter Menschen zu leben, fand Gastfreundschaft, manchmal sogar Wärme, und mauerte die Vergangenheit in meinem Gedächtnis zu. Warum nach fast vierzig Jahren der Mörtel nicht mehr hält: Diese Frage zu beantworten überlasse ich anderen. Die qualvollen Erinnerungen, die ich dank einfühlsamer Therapeuten wieder in meinem Denken und Fühlen zulassen konnte, machten eine Überprüfung durch mündliche und schriftliche Berichte meiner ehemaligen Mitgefangenen erforderlich.

Ich wollte – und will – das »Warum« und das »Wie« unserer Katastrophe wissen und dadurch meine eigenen Koordinaten erkennen. Wie hatten wir gelebt und überlebt, wie war unsere Befreiung, wie unsere Heimkehr gewesen? Und warum stellte die Welt sich taub und blind in den schwärzesten Stunden des Krieges und danach?

Nachforschungen in Bibliotheken und Archiven ließen sehr viele Fragen offen und viele Antworten waren schmerzhaft.

Anmerkungen

(1) Siehe für ausführliche Dokumentation: *European Jewry ten years after the war,* New York 1956; Lucjan Dobroszycki, »Restoring Jewish Life in postwar Poland«, in: *Soviet Jewish Affairs,* Band 3, Nr. 2, 1973; Bernard D. Weinryb, »Poland«, in: *The Jews in the Soviet Satellites,* Syracuse 1953.
(2) »Aufbewahrer«: Nichtjuden, denen Juden vor ihrer Verhaftung oder Deportation Wertsachen zur Aufbewahrung gegeben hatten.
(3) Frank Hanepen war 1945 siebenundvierzig Jahre alt und konnte auf eine lange journalistische Laufbahn zurückblicken. Als Auslandskorrespondent für *De Telegraaf* in London bis 1933, und danach für die *News Chronicle* und die *New York Times* in Wien bis September 1938 hat er die katastrophale europäische Geschichte in großen Zügen vorausgesagt. Einige Monate nach der Annexion Österreichs durch Hitler ging Hanepen nach Prag. Bis zum 10. Mai 1940 schrieb er für die *New York Times* und *United Press* Artikel, die ihn schließlich in das Gestapo-Gefängnis in Prag brachten.

Nach seiner Entlassung im Februar 1941 blieb er bis Oktober 1942 auf freiem Fuß, wurde aber dann aufgrund »illegaler Aktivitäten«, darunter Hilfeleistungen an Juden, erneut festgenommen.

Von Juli 1943 bis zur Kapitulation im Mai 1945 mußte er seine journalistische Tätigkeit unterbrechen.

Tausende ehemalige Häftlinge aus den Konzentrationslagern, Zwangsarbeiter und andere Vertriebene, krank, verletzt und hungrig, ohne Papiere und ohne Geld, warteten in jenem Sommer in Prag auf Verpflegung und auf den Rücktransport nach Hause. Darunter rund tausend Niederländer, die sich ohne diplomatische Vertretung und Repatriierungskommission behelfen mußten. Frank Hanepen sorgte monatelang unermüdlich und unbeirrbar für Nahrung und Unterkunft, für medizinische Betreuung und vorläufige Ausweise, und vor allem für den Heimtransport in den Westen.

Seine Verbindung zum Innenminister, der mit ihm zusammen im Gestapo-Gefängnis inhaftiert gewesen war, und seine freundschaftlichen Beziehungen zu vielen »guten« Tschechen kamen seinem Hilfswerk zugute. Als im Herbst 1945 Merens sein Amt als erster Gesandter nach dem Krieg antrat und die offizielle Repatriierungskommission im Oktober 1945 ihre Arbeit aufnahm, setzte Hanepen sein Werk in legalisierter Form fort.

1947 erhielt er für sein aufopferndes Werk die verdiente Anerkennung: Frank Hanepen wurde zum Ritter des Ordens von Oranje Nassau ernannt.

1973 starb er arm und enttäuscht. Die Niederlanden hatten ihn genauso vergessen, wie sie damals im Frühjahr und Sommer 1945 ihre jüdischen Bürger in Prag vergessen hatten.

(4) Im Herbst 1942 wurde der halbjüdische Arzt Dr. Polak Daniels zu einer Patientin gerufen, die die Nachricht nicht verkraften konnte, daß ihre Tochter von Westerbork nach Auschwitz verschickt worden war. Die direkte Konfrontation mit der Endlösung der Judenfrage erschütterte den in relativer Sicherheit lebenden Arzt, dessen Eltern in den Maitagen 1940 den Freitod gewählt hatten, so tief, daß er beschloß, medizinische Hilfstrupps zur organisieren, die die Versorgung der Häftlinge nach der Befreiung übernehmen sollten. Als stellvertretender Direktor des Roten-Kreuz-Krankenhauses wußte er den Direktor Dr. H. K. Offerhaus von der Notwendigkeit dieser Aktion zu überzeugen. In einem Brief an den niederländischen Gesandten in Bern, Herrn J. J. B. Bosch Ritter von Rosenthal, entwickelte er Pläne für eine Hilfskolonne aus der Schweiz.

Der Krieg wütete länger, als Polak Daniels vorausgesehen hatte. Ende 1943 flüchteten er und seine zukünftige Ehefrau mit der Hilfe französischer und niederländischer Widerstandsgruppen in die

Schweiz, um dort die medizinischen Hilfskolonnen zu rekrutieren und auszubilden. Bei seiner Ankunft stellte sich zu seinem Entsetzen heraus, daß der ein Jahr zuvor abgeschickte Brief noch immer in der Schreibtischlade des Gesandten »schlummerte«. Ermutigt durch M. H. Gans und Dr. Visser't Hooft, doch ohne tatkräftige Unterstützung der niederländischen Regierung in London und ihrem schweizer Vertreter, gründete Polak Daniels sein Hilfscorps. Doch die Freiwilligen erhielten keine Gelegenheit, die wichtige Aufgabe, die sie auf sich genommen hatten, zu erfüllen.

Scheinargumente, politische und persönliche Interessen ließen den hochherzigen Plan scheitern, der so viele Menschenleben hätte retten können (siehe L. de Jong, *Het Koninkrijk der Nederlanden in de Tweede Wereldoorlog*, Teil 10 BII p. 923 u. f.). Seiner Illusionen beraubt aber nicht entmutigt, blieb Polak Daniels bis zur Kapitulation in der Schweiz. Über London, wo ihm der Rang eines Majors verliehen wurde, flog er mit Hilfe französischer Freunde nach Prag und versuchte einen Teil seiner selbstauferlegten Aufgabe zu verwirklichen.

Dank seinem Einfallsreichtum und Einsatz, seinem Improvisationstalent, aber auch seiner Fähigkeit, gute Kontakte herzustellen, gelang es ihm in enger Zusammenarbeit mit Frank Hanepen, den er unmittelbar nach seiner Ankunft in Prag kennenlernte, die medizinische Versorgung und den Transport nach dem Westen für zahllose ehemalige Häftlinge aus den Konzentrationslagern sicherzustellen.

(5) Primo Levi, *Atempause.* Die Originalausgabe erschien unter dem Titel *La Tregua* im Verlag Einaudi, Turin 1963.

(6) Graf Folke Bernadotte, Vertreter des Schwedischen Roten Kreuzes.

Bibliographie

Streifen am Himmel

MARTIN GILBERT, *Auschwitz and the Allies. How the Allies responded to the news of Hitler's Final Solution*, Michael Joseph/Rainbird, London 1981.

WALTER LAQUEUR, *The Terrible Secret*, Weidenfeld and Nicolson, London 1980.

HEINER LICHTENSTEIN, *Warum Auschwitz nicht bombardiert wurde (mit einem Vorwort von Eugen Kogon)*, Bund Verlag, Köln 1980.

BERNARD WASSERSTEIN, *Britain and the Jews of Europe 1939–1945*, Clarendon Press, Oxford 1979.

DAVID S. WYMAN, »Why Auschwitz was never bombed«, in: *Commentary*, May 1978.

»Letters from Readers. Bombing Auschwitz«, in: *Commentary*, July *1978*.

Die Illusionisten

H. G. ADLER, *Theresienstadt 1941–1945*. Das Antlitz einer Zwangsgemeinschaft, 2. Auflage, J. C. B. Mohr, Tübingen 1960.

H. G. ADLER, *Die verheimlichte Wahrheit*, Theresienstädter Dokumente, J. C. B. Mohr, Tübingen 1958.

J. BACON, »Mit der Neugier von Kindern«, in: *Auschwitz, Zeugnisse und Berichte*, Europäische Verlagsanstalt, Frankfurt/Main 1962.

L. DE JONG, *Het Koninkrijk der Nederlanden in de Tweede Wereldoorlog. Gevangenen en Gedeporteerden*, Teil 8, zweiter Band, 's-Gravenhage, Martinus Nijhoff, 1978.

O. D. KULKA, *Getuigenverslag Auschwitz Proces*, Frankfurt/Main 1964 (30. 07. 1964), Archiv Yad Vashem, Jerusalem Nr. 03/2896.

O. D. KULKA, *Ghetto in an annihilation camp*, mimeo Yad Vashem, Jerusalem 1980.

H. LANGBEIN, *Der Auschwitzprozeß. Eine Dokumentation*, Europa Verlag, Wien 1965.

H. LANGBEIN, *Menschen in Auschwitz*, Europa Verlag, Wien 1972.

Z. LEDERER, *Ghetto Theresienstadt*, E. Goldson & Son Ltd., London 1953.

R. OPPENHEYM, *Theresienstädter Tagebuch. An der Grenze des Lebens.* Rütten & Loening Verlag, Hamburg 1961.

J. PRESSER, *Ondergang. De vervolging en verdelging van het Nederlandse Jodendom 1940–1945*, Teil II, 's-Gravenhage, Staatsuitgeverij/ Martinus Nijhoff, 1965.

G. REITLINGER, *Die Endlösung*, Colloquium Verlag, Berlin 1979.

W. RINGS, *Leben mit dem Feind, Anpassung und Widerstand in Hitlers Europa*, Kindler Verlag, München 1979.